하루 10분
초등 문해력
한자 어휘편

글 이미선 · 그림 은소시

2단계

미래주니어

이 책의 구성

❶ 눈과 손으로 익히기
한자 찾기 놀이로 배울 한자를 눈으로 익히고, 따라 쓰면서 한자의 모양을 손으로 익혀요.

❷ 어휘 속 한자 찾기
교과 어휘 5개를 따라 쓰고, 어휘 속에서 한자가 어떤 뜻으로 쓰이는지 알아보세요.

❸ 교과 어휘 익히기
교과서에서 선별한 어휘의 뜻을 알아보고, 예문 속 빈칸 채우기로 어휘를 활용해요.

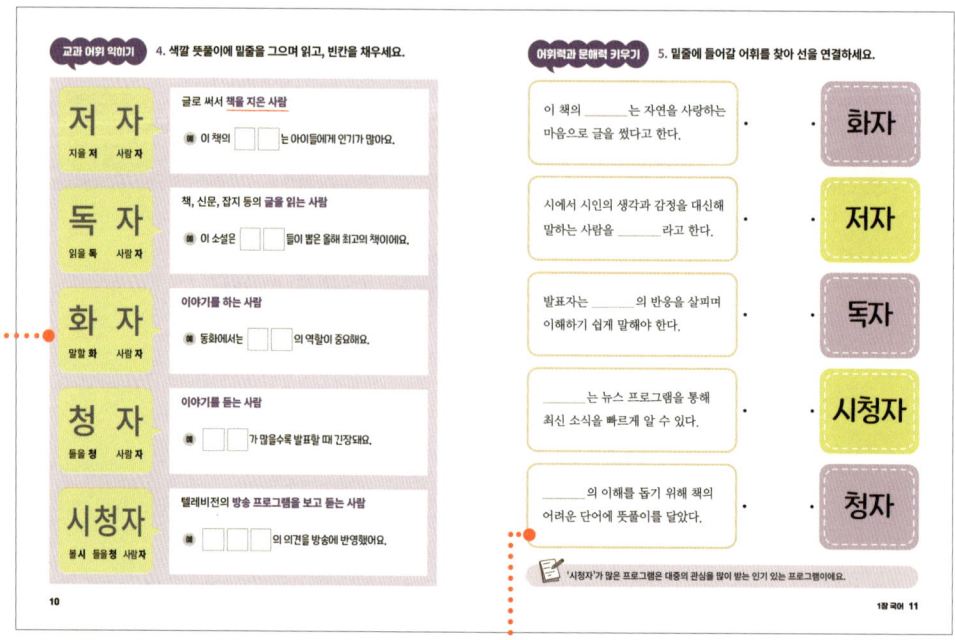

❹ 어휘력과 문해력 키우기
다양한 예문을 통해 어휘의 쓰임을 익히면서 어휘력과 문해력을 키워요.

❺ 어휘 복습하기

과목을 마칠 때마다 초성 퀴즈, 빈칸 채우기, 어휘 퍼즐 등으로 학습한 어휘를 재미있게 복습해요.

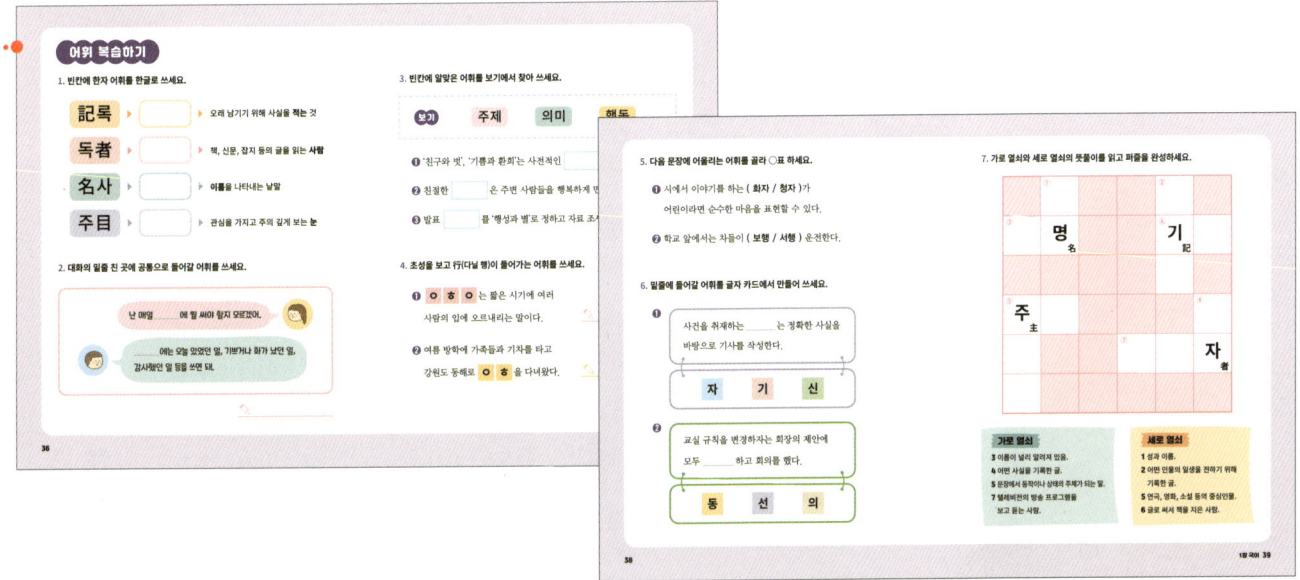

이 책의 특징

1. 국어, 사회, 수학, 과학, 예체능의 교과서 속 필수 어휘 수록
초등 교과서를 분석해 30일 분량의 핵심 한자와 관련 교과 어휘를 선별했습니다.
주요 교과목과 학교생활에서 접하는 생활 어휘도 함께 알아보았습니다.

2. 하루에 1개 한자, 5개 어휘씩 30일 완성하는 커리큘럼
매일 1개의 핵심 한자를 주제로 5개의 교과 어휘를 30일간 학습하는
교육 과정입니다. 한자 어휘의 의미를 익히면 교과서에서 만나는
낯선 어휘도 유추할 수 있는 힘이 자연스럽게 길러집니다.

3. 체계적인 단계별 학습으로 아이 스스로 자기주도학습 가능
본문은 같은 모양의 한자 찾기로 부담 없이 어휘 학습을 시작합니다.
어휘에 공통으로 들어가는 한자의 뜻 찾기, 한자 어휘 따라쓰기,
예문으로 활용하기 등으로 단계별 자기주도학습이 가능한 교재입니다.

차례

1장 국어

- 1일차 **者** 사람 자 — 저자｜독자｜화자｜청자｜시청자 … 8
- 2일차 **主** 주인 주 — 주요｜주어｜주제｜주도｜주인공 … 12
- 3일차 **目** 눈 목 — 목격｜안목｜주목｜이목｜면목 … 16
- 4일차 **名** 이름 명 — 명사｜명필｜명품｜유명｜성명 … 20
- 5일차 **意** 뜻 의 — 의미｜의외｜동의｜선의｜고의 … 24
- 6일차 **記** 기록할 기 — 기사｜기자｜기록｜일기｜전기문 … 28
- 7일차 **行** 다닐 행 — 행동｜여행｜보행｜서행｜유행어 … 32

어휘 복습하기 … 36

2장 사회

- 8일차 **法** 법 법 — 법칙｜법원｜법률｜헌법｜불법 … 42
- 9일차 **圖** 그림 도 — 도표｜지도｜백지도｜지형도｜안내도 … 46
- 10일차 **都** 도읍 도 — 도시｜수도｜천도｜신도시｜수도권 … 50
- 11일차 **民** 백성 민 — 민요｜민담｜민화｜서민｜실향민 … 54
- 12일차 **古** 옛 고 — 고대｜고전｜고택｜고분｜고조선 … 58
- 13일차 **靑** 푸를 청 — 청자｜청동｜청동기｜청와대｜청신호 … 62
- 14일차 **利** 이로울 리 — 이익｜이용｜권리｜편리｜불이익 … 66
- 15일차 **金** 쇠 금 — 금융｜금액｜예금｜세금｜요금 … 70

어휘 복습하기 … 74

16일차	分	나눌 분 분수	분모	분자	분류	등분	… 80
17일차	角	각도 각 각도	예각	둔각	각도기	삼각형	… 84
18일차	度	정도 도 온도	습도	농도	밀도	온도계	… 88
19일차	化	될 화 화석	부화	진화	기화	온난화	… 92
20일차	生	날 생 공생	기생	재생	생산자	생태계	… 96
21일차	光	빛 광 광원	야광	발광	광합성	형광등	… 100
22일차	質	바탕 질 질량	질감	성질	물질	품질	… 104
23일차	星	별 성 혜성	유성	항성	행성	북극성	… 108

어휘 복습하기 … 112

3장 수학·과학

4장 예체능·학교생활

24일차	畫	그림 화 판화	벽화	수묵화	정물화	풍경화	… 118
25일차	音	소리 음 음악	음표	음성	화음	녹음	… 122
26일차	體	몸 체 체육	체조	체력	체험	신체	… 126
27일차	年	해 년 학년	작년	내년	저학년	고학년	… 130
28일차	時	때 시 시간	시각	시계	잠시	시간표	… 134
29일차	室	집 실 실내	교실	보건실	과학실	도서실	… 138
30일차	會	모일 회 회의	회장	조회	대회	전시회	… 142

어휘 복습하기 … 146   정답 … 150   찾아보기 … 165

1장

국어

1일차	者	사람 자
		저**자** | 독**자** | 화**자** | 청**자** | 시청**자**

2일차	主	주인 주
		주요 | **주**어 | **주**제 | **주**도 | **주**인공

3일차	目	눈 목
		목격 | 안**목** | 주**목** | 이**목** | 면**목**

4일차	名	이름 명
		명사 | **명**필 | **명**품 | 유**명** | 성**명**

5일차	意	뜻 의
		의미 | **의**외 | 동**의** | 선**의** | 고**의**

6일차	記	기록할 기
		기사 | **기**자 | **기**록 | 일**기** | 전**기**문

7일차	行	다닐 행
		행동 | 여**행** | 보**행** | 서**행** | 유**행**어

1일차

월   일

者 사람 자
뜻   소리

눈으로 익히기 1. 者(사람 자)와 같은 한자에 ○표 하세요.

主 目 名 目 名
名 目 者 目 名 主
名 主 者 名 者
者 目 者 主
者 主 名 目
名

5개를 찾으세요!

쓰면서 익히기

2. 한자를 소리 내어 읽고 따라 쓰세요.

쓰는 순서	一 十 土 耂 耂 耂 耂 者 者
者 사람 자	者 者 사람 자 사람 자

어휘 속 한자 찾기

3. 어휘를 따라 쓰고 者에 해당하는 뜻에 ○표 하세요.

저 者
지을 저 사람 자
→ 저자
→ 글로 써서 책을 지은 (사람)

독 者
읽을 독 사람 자
→ 독자
→ 책, 신문, 잡지 등의 글을 읽는 **사람**

화 者
말할 화 사람 자
→ 화자
→ 이야기를 하는 **사람**

청 者
들을 청 사람 자
→ 청자
→ 이야기를 듣는 **사람**

시 청 者
볼 시 들을 청 사람 자
→ 시청자
→ 텔레비전의 방송 프로그램을 보고 듣는 **사람**

교과 어휘 익히기 　4. 색깔 뜻풀이에 밑줄을 그으며 읽고, 빈칸을 채우세요.

저 자
지을 **저**　사람 **자**

글로 써서 **책을 지은 사람**

예) 이 책의 ☐☐ 는 아이들에게 인기가 많아요.

독 자
읽을 **독**　사람 **자**

책, 신문, 잡지 등의 **글을 읽는 사람**

예) 이 소설은 ☐☐ 들이 뽑은 올해 최고의 책이에요.

화 자
말할 **화**　사람 **자**

이야기를 하는 사람

예) 동화에서는 ☐☐ 의 역할이 중요해요.

청 자
들을 **청**　사람 **자**

이야기를 듣는 사람

예) ☐☐ 가 많을수록 발표할 때 긴장돼요.

시청자
볼 **시**　들을 **청**　사람 **자**

텔레비전의 **방송 프로그램을 보고 듣는 사람**

예) ☐☐☐ 의 의견을 방송에 반영했어요.

어휘력과 문해력 키우기 5. 밑줄에 들어갈 어휘를 찾아 선을 연결하세요.

이 책의 _____는 자연을 사랑하는 마음으로 글을 썼다고 한다. • • 화자

시에서 시인의 생각과 감정을 대신해 말하는 사람을 _____라고 한다. • • 저자

발표자는 _____의 반응을 살피며 이해하기 쉽게 말해야 한다. • • 독자

_____는 뉴스 프로그램을 통해 최신 소식을 빠르게 알 수 있다. • • 시청자

_____의 이해를 돕기 위해 책의 어려운 단어에 뜻풀이를 달았다. • • 청자

 '시청자'가 많은 프로그램은 대중의 관심을 많이 받는 인기 있는 프로그램이에요.

2일차

월 일

主

주인 주

뜻　소리

主는 임금, 주요한, 주체라는 뜻도 있어요.

눈으로 익히기

1. 主(주인 주)와 같은 한자에 ○표 하세요.

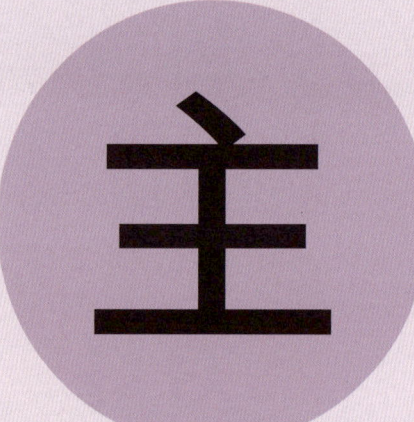

目　主　意　主　目　意
意　　　名　主　名
　目　　　　意　目
　　意　　主　　主
名　名　意　名　意
　　主　　目

쓰면서 익히기 2. 한자를 소리 내어 읽고 따라 쓰세요.

쓰는 순서	` ㆍ 亠 宀 主 主`			
主 주인 주	主 주인 주	主 주인 주		

어휘 속 한자 찾기 3. 어휘를 따라 쓰고 主에 해당하는 뜻에 ○표 하세요.

主 요 주인 주 · 중요할 요	주요	ⓛ주되고 중요함
主 어 주인 주 · 말씀 어	주어	문장에서 동작이나 상태의 **주체**가 되는 말
主 제 주인 주 · 제목 제	주제	작품에서 지은이가 말하고 싶은 **주요한** 생각
主 도 주인 주 · 이끌 도	주도	**중심**이 되어 이끎
主 인 공 주인 주 · 사람 인 · 공평할 공	주인공	연극, 영화, 소설 등의 **중심**인물

교과 어휘 익히기 4. 색깔 뜻풀이에 밑줄을 그으며 읽고, 빈칸을 채우세요.

주요
주인 주 중요할 요

<u>주되고 중요함</u>

예) 케이크의 ☐☐ 재료는 밀가루, 설탕, 계란이에요.

주어
주인 주 말씀 어

문장에서 동작이나 상태의 **주체가 되는 말**

예) 문장에서 ☐☐ 와 서술어를 구별해 보세요.

주제
주인 주 제목 제

작품에서 지은이가 **말하고 싶은 주요한 생각**

예) 이번 글쓰기의 ☐☐ 는 '나의 꿈'이에요.

주도
주인 주 이끌 도

중심이 되어 이끎

예) 회장이 회의를 ☐☐ 하며 의견을 모았어요.

주인공
주인 주 사람 인 공평할 공

연극, 영화, 소설 등의 **중심인물**

예) 만화책의 ☐☐☐ 이 악당을 물리쳤어요.

어휘력과 문해력 키우기 5. 밑줄에 들어갈 어휘를 찾아 선을 연결하세요.

- 이 글의 _____ 내용은 지구를 지키는 방법에 대한 설명이다. • • 주제

- 친구들과 함께 발표 _____를 '역사 속 인물들'로 정했다. • • 주요

- 동화 속 _____이 마법의 세계로 떠나는 이야기가 흥미진진하다. • • 주도

- 이번 토론은 내가 _____ 해서 내용을 정리하며 이야기를 나누었다. • • 주어

- _____는 문장에서 '누가' 또는 '무엇이'에 해당하는 부분이다. • • 주인공

 '주어'는 대개 문장의 처음에 위치하며, 문장에서 누가 행동하는지를 알려주는 부분이에요.

3일차

월   일

目 눈 목
(뜻) (소리)

눈으로 익히기 1. 目(눈 목)과 같은 한자에 ○표 하세요.

5개를 찾으세요!

쓰면서 익히기
2. 한자를 소리 내어 읽고 따라 쓰세요.

쓰는 순서	丨 冂 冃 目 目			
目	目	目		
눈 목	눈 목	눈 목		

어휘 속 한자 찾기
3. 어휘를 따라 쓰고 目에 해당하는 뜻에 ○표 하세요.

目 격
눈 목 / 마주칠 격
목격 — ⓔ으로 직접 봄

안 目
눈 안 / 눈 목
안목 — 사물을 보고 분별하는 **눈**

주 目
부을 주 / 눈 목
주목 — 관심을 가지고 주의 깊게 보는 **눈**

이 目
귀 이 / 눈 목
이목 — 귀와 **눈**. 또는 주의나 관심

면 目
낯 면 / 눈 목
면목 — 얼굴과 **눈**. 또는 남을 대하는 체면

교과 어휘 익히기

4. 색깔 뜻풀이에 밑줄을 그으며 읽고, 빈칸을 채우세요.

목 격 — 눈 목, 마주칠 격

<u>눈으로 직접 봄</u>

예) 자동차 사고를 직접 ☐☐ 했어요.

안 목 — 눈 안, 눈 목

사물을 **보고 분별하는 눈**

예) 언니는 패션에 대한 ☐☐ 이 뛰어나요.

주 목 — 부을 주, 눈 목

관심을 가지고 **주의 깊게 보는 눈**

예) 전학생이 반 친구들의 ☐☐ 을 받았어요.

이 목 — 귀 이, 눈 목

귀와 눈. 또는 주의나 관심

예) 새로운 발명품에 세계의 ☐☐ 이 집중되었어요.

면 목 — 낯 면, 눈 목

얼굴과 눈. 또는 남을 대하는 체면

예) 약속을 지키지 못해 부모님께 ☐☐ 이 없어요.

어휘력과 문해력 키우기   5. 밑줄에 들어갈 어휘를 찾아 선을 연결하세요.

그는 이번 사고를 _____ 한 유일한 사람이자 중요한 증인이다.	면목
그는 축구 경기에서 뛰어난 실력으로 사람들의 _____ 을 받았다.	주목
오랫동안 기다리던 영화가 개봉되자 많은 _____ 이 집중되었다.	이목
이 책은 그림을 감상하는 _____ 을 길러주는 데 큰 도움이 된다.	안목
기대하던 자격증 시험에 떨어져서 부모님께 _____ 이 없었다.	목격

 유명 연예인의 뉴스나 큰 사건, 사고는 자연스럽게 많은 사람의 '이목'을 끌게 돼요.

4일차

월 일

名 이름 명

뜻 소리

눈으로 익히기 1. 名(이름 명)과 같은 한자에 ◯표 하세요.

行 名 意 名 意 名 行
行 意 記 意 行 記
名 行 記 名 記
記 意 名 行 意
記 行 記 意
記 行 名

5개를 찾으세요!

쓰면서 익히기

2. 한자를 소리 내어 읽고 따라 쓰세요.

쓰는 순서	ノ ク 夕 夕 名 名			
名	名	名		
이름 명	이름 명	이름 명		

어휘 속 한자 찾기

3. 어휘를 따라 쓰고 名에 해당하는 뜻에 ○표 하세요.

名 사	명사	ⓘ름을 나타내는 낱말
이름 명 / 말 사		

名 필	명필	**이름**난 글씨. 글씨를 매우 잘 쓰는 사람
이름 명 / 붓 필		

名 품	명품	뛰어나거나 **이름**이 난 물건
이름 명 / 물건 품		

유 名	유명	**이름**이 널리 알려져 있음
있을 유 / 이름 명		

성 名	성명	성과 **이름**
성씨 성 / 이름 명		

교과 어휘 익히기   4. 색깔 뜻풀이에 밑줄을 그으며 읽고, 빈칸을 채우세요.

명사
이름 명   말 사

이름을 나타내는 낱말

- 예) 사과는 과일의 종류를 뜻하는 □□예요.

명필
이름 명   붓 필

이름난 글씨. 글씨를 매우 잘 쓰는 사람

- 예) □□의 글씨체를 배우고 싶어요.

명품
이름 명   물건 품

뛰어나거나 **이름이 난 물건**

- 예) 이 시계는 □□이라서 가격이 비싸요.

유명
있을 유   이름 명

이름이 널리 알려져 있음

- 예) 찬이는 학교에서 □□한 축구 선수예요.

성명
성씨 성   이름 명

성과 이름

- 예) 명단에 연락처와 □□을 쓰세요.

어휘력과 문해력 키우기   5. 밑줄에 들어갈 어휘를 찾아 선을 연결하세요.

시험지에 _____을 써야 누구의 시험지인지 알 수 있다.	명품
이곳은 역사적인 장소로 _____해 해마다 많은 관광객이 찾아온다.	유명
엄마는 생일 선물로 _____ 가방을 받고 매우 기뻐하셨다.	성명
그는 _____로 잘 알려져서 사람들이 그의 글씨를 배우러 온다.	명사
_____는 사람, 동물, 사물의 이름을 나타내는 단어이다.	명필

 우리나라의 유명한 '명필'로 조선 시대의 추사 김정희가 있어요.

5일차

월 일

 뜻 의

뜻 소리

눈으로 익히기 1. 意(뜻 의)와 같은 한자에 ○표 하세요.

記　行　法　行　　　法
　行　　　　行　　記
法　　記　意　　意
　　　　　　法
意　　行　　意　記
　　　　記
　意　記　　法　行

5개를 찾으세요!

쓰면서 익히기

2. 한자를 소리 내어 읽고 따라 쓰세요.

✏️ 쓰는 순서	` 亠 立 产 产 音 音 音 音 意 意 意`			
意	意	意		
뜻 의	뜻 의	뜻 의		

어휘 속 한자 찾기

3. 어휘를 따라 쓰고 意에 해당하는 뜻에 ○표 하세요.

意 미 뜻 의 / 뜻 미	의미	말이나 글의 ⓛ뜻
意 외 뜻 의 / 바깥 외	의외	뜻밖
동 意 같을 동 / 뜻 의	동의	같은 뜻
선 意 착할 선 / 뜻 의	선의	좋은 뜻. 또는 착한 마음
고 意 일부러 고 / 뜻 의	고의	일부러 하려는 뜻이나 생각

1장 국어

교과 어휘 익히기 4. 색깔 뜻풀이에 밑줄을 그으며 읽고, 빈칸을 채우세요.

의미
뜻 의　뜻 미

말이나 글의 뜻

예) 이 글에 담긴 ☐☐ 는 무엇일까요?

의외
뜻 의　바깥 외

뜻밖

예) 숙제가 ☐☐ 로 빨리 끝났어요.

동의
같을 동　뜻 의

같은 뜻

예) 모두가 새로운 규칙에 ☐☐ 했어요.

선의
착할 선　뜻 의

좋은 뜻. 또는 착한 마음

예) 친구의 ☐☐ 를 받아들였어요.

고의
일부러 고　뜻 의

일부러 하려는 뜻이나 생각

예) 그는 ☐☐ 로 남의 물건을 망가뜨렸어요.

어휘력과 문해력 키우기 5. 밑줄에 들어갈 어휘를 찾아 선을 연결하세요.

_____를 가진 사람이 많아지면 세상이 따뜻해질 것이다. • • 의외

생일날 친구에게 _____의 선물을 받아서 놀라고 기뻤다. • • 의미

글의 _____를 정확히 이해해야 내용을 올바르게 해석할 수 있다. • • 동의

그 의견에 대해 _____하는 사람이 많아서 쉽게 결정할 수 있었다. • • 고의

_____가 아니더라도 상대방에게 피해를 주었다면 사과해야 한다. • • 선의

 '의외'는 생각이나 예상을 하지 못했다는 뜻이에요.

6일차

월 일

記 기록할 기
뜻 소리

눈으로 익히기 1. 記(기록할 기)와 같은 한자에 ○표 하세요.

行 圖 行
記 圖 記 圖
圖 記 法
行 法 記 法
5개를 찾으세요! 圖 行
記
法 記 法 記
行 法 圖

28

쓰면서 익히기 2. 한자를 소리 내어 읽고 따라 쓰세요.

쓰는 순서	一 二 三 亖 言 言 言 訂 訂 記			
記	記	記		
기록할 기	기록할 기	기록할 기		

어휘 속 한자 찾기 3. 어휘를 따라 쓰고 記에 해당하는 뜻에 ○표 하세요.

| 記 사 | 기사 | 어떤 사실을 **기록한** 글 |
| 기록할 기 · 일 사 | | |

| 記 자 | 기자 | 기사를 취재하여 **쓰는** 사람 |
| 기록할 기 · 사람 자 | | |

| 記 록 | 기록 | 오래 남기기 위해 사실을 **적는** 것 |
| 기록할 기 · 기록할 록 | | |

| 일 記 | 일기 | 날마다 겪은 일이나 생각을 적은 **기록** |
| 날 일 · 기록할 기 | | |

| 전 記 문 | 전기문 | 어떤 인물의 일생을 전하기 위해 **기록한** 글 |
| 전할 전 · 기록할 기 · 글월 문 | | |

교과 어휘 익히기

4. 색깔 뜻풀이에 밑줄을 그으며 읽고, 빈칸을 채우세요.

기 사
기록할 **기** 일 **사**

어떤 **사실을 기록한 글**

예) 아침에 신문 □□ 를 읽었어요.

기 자
기록할 **기** 사람 **자**

기사를 취재하여 **쓰는 사람**

예) 학교 신문에 □□ 로 활동하고 있어요.

기 록
기록할 **기** 기록할 **록**

오래 남기기 위해 **사실을 적는 것**

예) 중요한 일정을 달력에 □□ 해요.

일 기
날 **일** 기록할 **기**

날마다 겪은 일이나 생각을 적은 **기록**

예) 매일 밤 자기 전에 □□ 를 써요.

전기문
전할 **전** 기록할 **기** 글월 **문**

어떤 **인물의 일생을 전하기 위해 기록한 글**

예) 안중근의 □□□ 을 읽었어요.

어휘력과 문해력 키우기

5. 밑줄에 들어갈 어휘를 찾아 선을 연결하세요.

_____는 뉴스를 취재해서 정보를 수집하고 기사를 작성하는 일을 한다. • • 기자

_____을 읽고 다양한 인물들의 생애와 업적에 대해 알게 되었다. • • 전기문

유명한 사건을 다룬 _____를 읽고 친구들과 토론을 했다. • • 기록

날씨 변화를 매일 _____해서 과학 시간에 자료로 활용했다. • • 일기

매일 _____를 쓰면서 하루 동안 있었던 일과 생각을 정리한다. • • 기사

 '전기문'은 역사적인 인물의 중요한 업적을 꾸미지 않고 사실을 바탕으로 쓴 글이에요.

7일차

行 다닐 행
뜻 　 소리

行은 다니다, 하다의 뜻이 있어요.

눈으로 익히기 1. 行(다닐 행)과 같은 한자에 ○표 하세요.

行　法　都　法　都
都　法　行　圖　行
都　行　圖　都　圖
　圖　法　圖　行
圖　行　都　法

5개를 찾으세요!

쓰면서 익히기

2. 한자를 소리 내어 읽고 따라 쓰세요.

쓰는 순서	′　 ⼻　 ⼻　 ⾏　 ⾏			
行	行	行		
다닐 행	다닐 행	다닐 행		

어휘 속 한자 찾기

3. 어휘를 따라 쓰고 行에 해당하는 뜻에 ○표 하세요.

行 동 다닐 행　움직일 동	행동	몸을 움직여 ⓗ행하는 일
여 行 나그네 여　다닐 행	여행	다른 고장이나 다른 나라에 **다니는** 일
보 行 걸음 보　다닐 행	보행	걸어 **다님**
서 行 천천히 서　다닐 행	서행	사람이나 차가 천천히 **다님**
유 行 어 흐를 유　다닐 행　말씀 어	유행어	어느 한 시기에 사람들 사이에서 많이 **하는** 말

교과 어휘 익히기

4. 색깔 뜻풀이에 밑줄을 그으며 읽고, 빈칸을 채우세요.

행동
다닐 **행** 움직일 **동**

몸을 **움직여 행하는 일**

예) 하영이는 말과 ☐☐이 어른스러워요.

여행
나그네 **여** 다닐 **행**

다른 고장이나 다른 나라에 다니는 일

예) 가족과 함께 일본으로 ☐☐을 갔어요.

보행
걸음 **보** 다닐 **행**

걸어 다님

예) 횡단보도 ☐☐ 시에는 신호등을 잘 확인해요.

서행
천천히 **서** 다닐 **행**

사람이나 차가 **천천히 다님**

예) 교차로에서 차들이 ☐☐하며 지나가요.

유행어
흐를 **유** 다닐 **행** 말씀 **어**

어느 한 시기에 **사람들 사이에서 많이 하는 말**

예) 은호는 ☐☐☐를 자주 사용해요.

34

어휘력과 문해력 키우기

5. 밑줄에 들어갈 어휘를 찾아 선을 연결하세요.

요즘은 줄임말로 만든 _____가 많고 시대에 따라 변해간다.	• •	여행
첫 해외 _____으로 유럽에 가서 여러 나라를 방문했다.	• •	보행
눈이 많이 내려서 도로 위의 차들이 속도를 줄이고 _____ 하고 있다.	• •	유행어
_____ 중에 스마트폰을 사용하면 교통사고 위험이 높다.	• •	행동
높은 곳에서 뛰어내리는 것은 위험한 _____으로 절대 하지 말아야 한다.	• •	서행

'유행어'를 지나치게 많이 사용하면 개성이 없고 진지하지 못하다는 느낌을 줄 수 있어요.

어휘 복습하기

1. 빈칸에 한자 어휘를 한글로 쓰세요.

- 記錄 ▶ [　　] ▶ 오래 남기기 위해 사실을 **적는** 것
- 讀者 ▶ [　　] ▶ 책, 신문, 잡지 등의 글을 읽는 **사람**
- 名詞 ▶ [　　] ▶ **이름**을 나타내는 낱말
- 注目 ▶ [　　] ▶ 관심을 가지고 주의 깊게 보는 **눈**

2. 대화의 밑줄 친 곳에 공통으로 들어갈 어휘를 쓰세요.

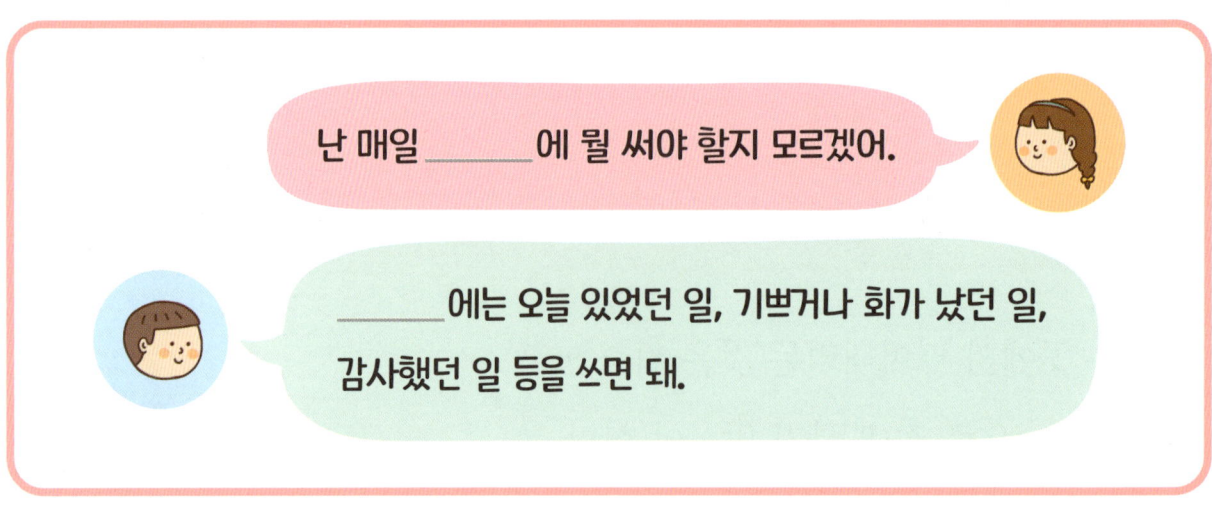

난 매일 _____ 에 뭘 써야 할지 모르겠어.

_____ 에는 오늘 있었던 일, 기쁘거나 화가 났던 일, 감사했던 일 등을 쓰면 돼.

3. 빈칸에 알맞은 어휘를 보기에서 찾아 쓰세요.

> 보기   주제   의미   행동

❶ '친구와 벗', '기쁨과 환희'는 사전적인 ☐ 가 같다.

❷ 친절한 ☐ 은 주변 사람들을 행복하게 만든다.

❸ 발표 ☐ 를 '행성과 별'로 정하고 자료 조사를 했다.

4. 초성을 보고 行(다닐 행)이 들어가는 어휘를 쓰세요.

❶ ㅇㅎㅇ 는 짧은 시기에 여러 사람의 입에 오르내리는 말이다. ✏ _____

❷ 여름 방학에 가족들과 기차를 타고 강원도 동해로 ㅇㅎ 을 다녀왔다. ✏ _____

5. 다음 문장에 어울리는 어휘를 골라 ○표 하세요.

❶ 시에서 이야기를 하는 (화자 / 청자)가 어린이라면 순수한 마음을 표현할 수 있다.

❷ 학교 앞에서는 차들이 (보행 / 서행) 운전한다.

6. 밑줄에 들어갈 어휘를 글자 카드에서 만들어 쓰세요.

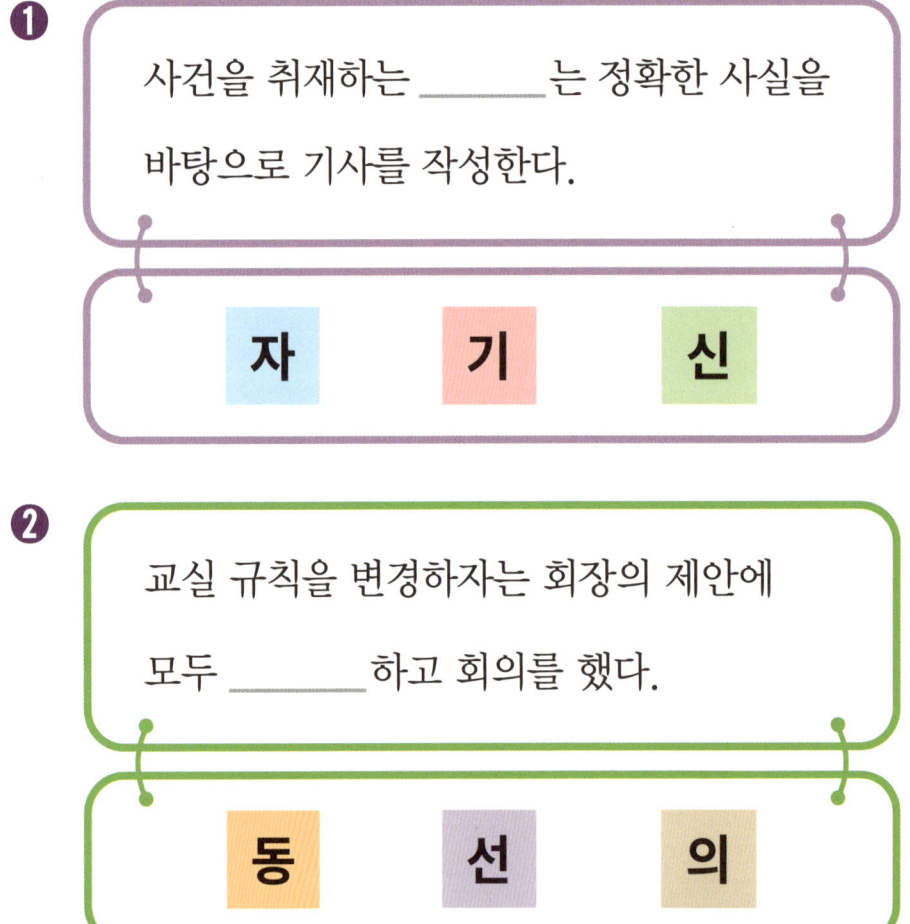

❶ 사건을 취재하는 _____는 정확한 사실을 바탕으로 기사를 작성한다.

자   기   신

❷ 교실 규칙을 변경하자는 회장의 제안에 모두 _____ 하고 회의를 했다.

동   선   의

7. 가로 열쇠와 세로 열쇠의 뜻풀이를 읽고 퍼즐을 완성하세요.

가로 열쇠

3 이름이 널리 알려져 있음.
4 어떤 사실을 기록한 글.
5 문장에서 동작이나 상태의 주체가 되는 말.
7 텔레비전의 방송 프로그램을 보고 듣는 사람.

세로 열쇠

1 성과 이름.
2 어떤 인물의 일생을 전하기 위해 기록한 글.
5 연극, 영화, 소설 등의 중심인물.
6 글로 써서 책을 지은 사람.

2장

사회

8일차	法	법 법
		법칙 | **법**원 | **법**률 | 헌**법** | 불**법**

9일차	圖	그림 도
		도표 | 지**도** | 백지**도** | 지형**도** | 안내**도**

10일차	都	도읍 도
		도시 | 수**도** | 천**도** | 신**도**시 | 수**도**권

11일차	民	백성 민
		민요 | **민**담 | **민**화 | 서**민** | 실향**민**

12일차	古	옛 고
		고대 | **고**전 | **고**택 | **고**분 | **고**조선

13일차	靑	푸를 청
		청자 | **청**동 | **청**동기 | **청**와대 | **청**신호

14일차	利	이로울 리
		이익 | **이**용 | 권**리** | 편**리** | 불**이**익

15일차	金	쇠 금
		금융 | **금**액 | 예**금** | 세**금** | 요**금**

8일차

法 법 법
(뜻) (소리)

눈으로 익히기 1. 法(법 법)과 같은 한자에 ○표 하세요.

5개를 찾으세요!

民 圖 法 圖 法 民
 法   都   圖   都
   民 都   圖   民
          法
        圖   都
  都   都
        民   圖
          都   法

쓰면서 익히기
2. 한자를 소리 내어 읽고 따라 쓰세요.

쓰는 순서	` ` ` 氵 氵 汁 注 法 法			
法 법 법	法 법 법	法 법 법		

어휘 속 한자 찾기
3. 어휘를 따라 쓰고 法에 해당하는 뜻에 ○표 하세요.

法 칙
법 법 / 법칙 칙
→ 법칙 →
반드시 지켜야 하는 ⓡ규칙

法 원
법 법 / 집 원
→ 법원 →
법에 따라 재판을 하는 국가 기관

法 률
법 법 / 법칙 률
→ 법률 →
국가에 의해 강제성을 갖는 사회 규칙

헌 法
법 헌 / 법 법
→ 헌법 →
우리나라 최고의 법

불 法
아닐 불 / 법 법
→ 불법 →
법에 어긋남

교과 어휘 익히기

4. 색깔 뜻풀이에 밑줄을 그으며 읽고, 빈칸을 채우세요.

법칙
법 법 / 법칙 칙

<u>반드시 지켜야 하는 규칙</u>

예) 시장 가격은 수요와 공급의 □□에 따라 변해요.

법원
법 법 / 집 원

법에 따라 **재판을 하는 국가 기관**

예) □□에서 판사는 공정하게 사건을 판결해요.

법률
법 법 / 법칙 률

국가에 의해 **강제성을 갖는 사회 규칙**

예) 모든 □□은 헌법의 규정에 따라 만들어요.

헌법
법 헌 / 법 법

우리나라 최고의 법

예) □□에서는 국민의 자유와 권리를 보장해요.

불법
아닐 불 / 법 법

법에 어긋남

예) □□ 행위를 하면 법에 따라 벌을 받아요.

어휘력과 문해력 키우기

5. 밑줄에 들어갈 어휘를 찾아 선을 연결하세요.

_____은 재판을 통해 사건의 진실을 밝히고 판결하는 역할을 한다.

_____ 주차는 다른 차량의 통행을 방해하여 피해를 줄 수 있다.

모든 생명체는 자연의 _____에 따라 환경에 적응하며 살아간다.

국회는 국민의 대표 기구로서 각종 _____을 만드는 일을 한다.

_____은 나라의 최고의 법으로, 모든 법률의 기초가 된다.

법률

헌법

법원

불법

법칙

 제헌절(7월 17일)은 대한민국의 최고의 법인 '헌법'이 만들어진 날이에요.

9일차

월 일

圖 그림 도
뜻 소리

눈으로 익히기 1. 圖(그림 도)와 같은 한자에 ○표 하세요.

都 古 民 古
民 民 古 都
古 都 圖 圖
圖 古 都
民 圖 都
圖 都 古 民
古

5개를 찾으세요!

46

쓰면서 익히기
2. 한자를 소리 내어 읽고 따라 쓰세요.

쓰는 순서	丨 冂 冂 呵 岡 岡 局 局 局 圖 圖 圖 圖 圖
圖	圖　圖
그림 도	그림 도　그림 도

어휘 속 한자 찾기
3. 어휘를 따라 쓰고 圖에 해당하는 뜻에 ○표 하세요.

| 圖 표 | 도표 | 자료를 분석하여 (그림)으로 나타낸 표 |
| 그림 도　표 표 | | |

| 지 圖 | 지도 | 지구 표면을 평면에 기호로 나타낸 **그림** |
| 땅 지　그림 도 | | |

| 백 지 圖 | 백지도 | 각종 정보를 써넣기 위해 윤곽만 **그린** 지도 |
| 흰 백　땅 지　그림 도 | | |

| 지 형 圖 | 지형도 | 땅의 모양을 **그린** 지도 |
| 땅 지　모양 형　그림 도 | | |

| 안 내 圖 | 안내도 | 안내하는 내용을 그림으로 **그린** 지도 |
| 경계 안　안 내　그림 도 | | |

교과 어휘 익히기

4. 색깔 뜻풀이에 밑줄을 그으며 읽고, 빈칸을 채우세요.

도 표
그림 **도**　표 **표**

자료를 분석하여 <u>그림으로 나타낸 표</u>

예) ☐☐ 는 일반적으로 '그래프'라고도 해요.

지 도
땅 **지**　그림 **도**

지구 표면을 **평면에 기호로 나타낸 그림**

예) 세계 ☐☐ 를 보며 여러 나라의 위치를 익혔어요.

백지도
흰 **백**　땅 **지**　그림 **도**

각종 정보를 써넣기 위해 **윤곽만 그린 지도**

예) ☐☐☐ 에 지역 이름을 써 보세요.

지형도
땅 **지**　모양 **형**　그림 **도**

땅의 모양을 그린 지도

예) ☐☐☐ 는 산과 강의 높낮이를 자세히 보여 줘요.

안내도
경계 **안**　안내　그림 **도**

안내하는 내용을 그림으로 **그린 지도**

예) 놀이공원에 가면 ☐☐☐ 를 보고 위치를 확인해요.

48

어휘력과 문해력 키우기　5. 밑줄에 들어갈 어휘를 찾아 선을 연결하세요.

| 친구들과 _____를 만들어서 보물 찾기 놀이를 했다. | • | • | 지도 |

| _____에 있는 등고선을 보면 땅의 높낮이를 알 수 있다. | • | • | 안내도 |

| 조사 결과를 _____로 정리하면 결과를 한눈에 볼 수 있다. | • | • | 도표 |

| 박물관 입구에서 _____를 받아 전시관을 차례로 관람했다. | • | • | 지형도 |

| 도시의 경계만 그려진 _____에 강과 산맥을 자세하게 그려 넣었다. | • | • | 백지도 |

 '백지도'에 지리적 특징이나 장소를 그려 넣는 연습으로 지리 감각을 기를 수 있어요.

10일차

월 일

都 도읍 도
뜻 소리

都는 도읍, 도시라는 뜻이 있어요.

눈으로 익히기

1. 都(도읍 도)와 같은 한자에 ○표 하세요.

5개를 찾으세요!

民 都 靑 都 靑 民
  靑   古   都 古
    民   民
    古 都 靑 民
  古   古
    民 古 都
      靑

쓰면서 익히기

2. 한자를 소리 내어 읽고 따라 쓰세요.

✏️ 쓰는 순서	一 十 土 耂 耂 耂 者 者 者 者' 都' 都
都 도읍 도	都　都 도읍 도　도읍 도

어휘 속 한자 찾기

3. 어휘를 따라 쓰고 都에 해당하는 뜻에 ○표 하세요.

都 시 도읍 도　시가 시	도시	정치·경제·문화의 ⊙중심⊙이 되는 지역
수 都 머리 수　도읍 도	수도	한 나라의 정부가 있는 **도시**
천 都 옮길 천　도읍 도	천도	**도읍**을 옮김
신 都 시 새 신　도읍 도　시가 시	신도시	계획적으로 새롭게 만든 **도시**
수 都 권 머리 수　도읍 도　범위 권	수도권	수도를 중심으로 한 주변 **대도시** 지역

교과 어휘 익히기

4. 색깔 뜻풀이에 밑줄을 그으며 읽고, 빈칸을 채우세요.

도시
도읍 **도**   시가 **시**

정치·경제·문화의 **중심이 되는 지역**

예) [도][시]는 교통이 편리하고 높은 건물이 많아요.

수도
머리 **수**   도읍 **도**

한 나라의 **정부가 있는 도시**

예) 서울은 대한민국의 [수][도]예요.

천도
옮길 **천**   도읍 **도**

도읍을 옮김

예) [천][도]는 수도를 다른 도시로 옮기는 것을 뜻해요.

신도시
새 **신**   도읍 **도**   시가 **시**

계획적으로 **새롭게 만든 도시**

예) 가족이 [신][도][시]로 이사해서 전학을 했어요.

수도권
머리 **수**   도읍 **도**   범위 **권**

수도를 중심으로 한 주변 대도시 지역

예) [수][도][권]은 서울과 인천, 경기도를 합쳐서 부르는 말이에요.

어휘력과 문해력 키우기 5. 밑줄에 들어갈 어휘를 찾아 선을 연결하세요.

신도시가 늘어나면서 _____이 점점 팽창하고 있다. • • 도시

왕조의 교체나 국가의 발전을 위해 여러 번 _____가 이루어졌다. • • 수도

_____는 촌락에 비해 사람이 많이 살고 각종 시설도 많다. • • 수도권

_____에는 정부 기관과 중요한 건물들이 밀집해 있다. • • 천도

일산과 분당은 부족한 주택 문제를 해결하기 위해 만든 _____이다. • • 신도시

 한양 '천도'는 조선 왕조가 '수도'를 한양으로 옮긴 역사적인 사건이에요.

11일차

월   일

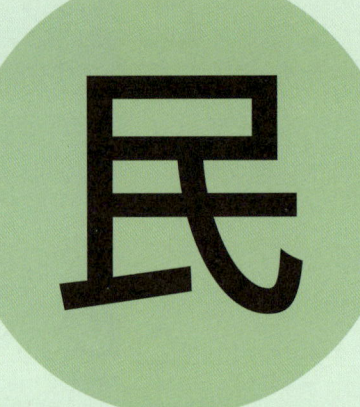

民 백성 민

뜻   소리

눈으로 익히기 1. 民(백성 민)과 같은 한자에 ○표 하세요.

民 古 利 古 利
利 古 民 青 古 民
青 古 青 民
青 民 利 古

5개를 찾으세요!

쓰면서 익히기

2. 한자를 소리 내어 읽고 따라 쓰세요.

쓰는 순서	フ ㄱ F F 民			
民 백성 민	民 백성 민	民 백성 민		

어휘 속 한자 찾기

3. 어휘를 따라 쓰고 民에 해당하는 뜻에 ○표 하세요.

民 요 백성 민 · 노래 요	민요	(백성들)사이에서 불리며 전해 내려오는 전통 노래
民 담 백성 민 · 말씀 담	민담	**백성들** 사이에 전해 내려오는 이야기
民 화 백성 민 · 그림 화	민화	일반 **서민들**이 그린 그림
서 民 여러 서 · 백성 민	서민	관직이 없는 **일반 사람**
실 향 民 잃을 실 · 고향 향 · 백성 민	실향민	고향을 잃어버린 **사람들**

교과 어휘 익히기 4. 색깔 뜻풀이에 밑줄을 그으며 읽고, 빈칸을 채우세요.

민요
백성 **민**   노래 **요**

백성들 사이에서 불리며 전해 내려오는 **전통 노래**

예) 음악 시간에 ☐☐를 배워서 불렀어요.

민담
백성 **민**   말씀 **담**

백성들 사이에 전해 내려오는 **이야기**

예) 옛날 이야기인 ☐☐에는 우리의 문화가 담겨 있어요.

민화
백성 **민**   그림 **화**

일반 서민들이 그린 그림

예) 학교에서 ☐☐ 그리기 수업이 있었어요.

서민
여러 **서**   백성 **민**

관직이 없는 **일반 사람**

예) 이 책은 ☐☐의 삶을 그린 소설이에요.

실향민
잃을 **실**   고향 **향**   백성 **민**

고향을 잃어버린 사람들

예) 전쟁으로 많은 ☐☐☐이 생겼어요.

어휘력과 문해력 키우기

5. 밑줄에 들어갈 어휘를 찾아 선을 연결하세요.

옛날 사람들은 _____를 벽에 걸거나 병풍으로 만들어 장식했다.	서민
_____는 옛날부터 전해 내려오는 전통적인 우리나라 노래이다.	민화
_____은 사회의 대부분을 차지하는 평범한 사람들을 의미한다.	민요
할아버지는 _____으로 북에 있는 고향 이야기를 자주 하셨다.	민담
_____ 속에는 옛날 사람들의 지혜가 담겨 있어 교훈을 전해 준다.	실향민

 '실향민'은 주로 전쟁이나 자연재해로 인해 고향을 떠나야 했던 사람들이에요.

12일차

월 일

古 옛 고
뜻 소리

눈으로 익히기 1. 古(옛 고)와 같은 한자에 ○표 하세요.

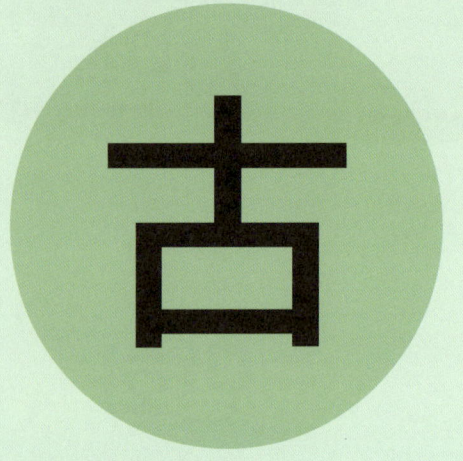

5개를 찾으세요!

金 古 青 古 青 古 金
青 金 利 青 利
古 利 古 金
利 青 利 青
利 金 古

쓰면서 익히기

2. 한자를 소리 내어 읽고 따라 쓰세요.

✏️ 쓰는 순서: 一 十 十 古 古

古	古	古		
옛 고	옛 고	옛 고		

어휘 속 한자 찾기

3. 어휘를 따라 쓰고 古에 해당하는 뜻에 ○표 하세요.

古 대
옛 고 / 시대 대
→ 고대 → ⓞ옛 시대

古 전
옛 고 / 법 전
→ 고전 → 높이 평가되는 **옛** 서적이나 작품

古 택
옛 고 / 집 택
→ 고택 → **옛** 조상들이 거주하던 오래된 집

古 분
옛 고 / 무덤 분
→ 고분 → **옛** 무덤 중 역사적인 자료가 되는 것

古 조 선
옛 고 / 아침 조 / 고울 선
→ 고조선 → 단군왕검이 세운 우리나라 **최초**의 국가

2장 사회 59

교과 어휘 익히기

4. 색깔 뜻풀이에 밑줄을 그으며 읽고, 빈칸을 채우세요.

고대
옛 고 · 시대 대

옛 시대

예) □□ 유적지에서 보물이 발견되었어요.

고전
옛 고 · 법전 전

높이 평가되는 **옛 서적이나 작품**

예) 학교에서 □□ 작품을 읽었어요.

고택
옛 고 · 집 택

옛 조상들이 거주하던 **오래된 집**

예) 이 마을에는 예스러운 □□ 이 많아요.

고분
옛 고 · 무덤 분

옛 무덤 중 역사적인 자료가 되는 것

예) □□ 은 옛날 무덤으로 시대마다 형태가 달라요.

고조선
옛 고 · 아침 조 · 고울 선

단군왕검이 세운 **우리나라 최초의 국가**

예) 개천절은 □□□ 의 건국을 기념하는 날이에요.

60

어휘력과 문해력 키우기 5. 밑줄에 들어갈 어휘를 찾아 선을 연결하세요.

_____ 이집트 사람들은 거대한 돌을 쌓아 피라미드를 만들었다. · · 고조선

_____ 은 우리나라의 첫 번째 국가이며, 단군이 세웠다. · · 고대

전통적인 가옥 구조를 알아보기 위해 오래된 _____ 을 찾았다. · · 고택

_____ 음악은 오래전에 작곡된 곡으로 많은 사람들이 좋아한다. · · 고분

_____ 은 대부분 왕이나 왕족, 지위가 높은 귀족의 무덤이다. · · 고전

 '고분'은 역사적인 유물과 정보가 담겨 있어서 고대 문화를 배우는 데 중요한 역할을 해요.

13일차

월 일

푸를 청

뜻　소리

눈으로 익히기　1. 靑(푸를 청)과 같은 한자에 ○표 하세요.

利　金　分　金　分　利
分　利　靑　金　靑
　　　　分
青　金　　青　　利
　　　青　利　分　金
　　　　

5개를 찾으세요!

쓰면서 익히기

2. 한자를 소리 내어 읽고 따라 쓰세요.

쓰는 순서	一 + 土 主 青 青 青 青			
青	青	青		
푸를 청	푸를 청	푸를 청		

어휘 속 한자 찾기

3. 어휘를 따라 쓰고 青에 해당하는 뜻에 ○표 하세요.

青 자
푸를 청 사기그릇 자
→ 청자 → (푸른빛)의 도자기

青 동
푸를 청 구리 동
→ 청동 → **푸른** 구리
(구리와 주석을 섞어 만든 금속)

青 동 기
푸를 청 구리 동 도구 기
→ 청동기 → 청동으로 만든 도구

青 와 대
푸를 청 기와 와 관청 대
→ 청와대 → **푸른** 기와집
(대통령이 살았던 집과 업무 공간)

青 신 호
푸를 청 믿을 신 이름 호
→ 청신호 → **푸른** 등이 켜지는 교통 신호

교과 어휘 익히기

4. 색깔 뜻풀이에 밑줄을 그으며 읽고, 빈칸을 채우세요.

청자
푸를 **청** 사기그릇 **자**

<u>푸른빛의 도자기</u>

예) ☐☐ 에 정교한 무늬가 새겨져 있어요.

청동
푸를 **청** 구리 **동**

푸른 구리(구리와 주석을 섞어 만든 금속)

예) 박물관에서 ☐☐ 거울을 보고 신기했어요.

청동기
푸를 **청** 구리 **동** 도구 **기**

청동으로 만든 도구

예) ☐☐☐ 는 돌보다 더 튼튼하고 오래 쓸 수 있었어요.

청와대
푸를 **청** 기와 **와** 관청 **대**

푸른 기와집(대통령이 살았던 집과 업무 공간)

예) ☐☐☐ 는 대통령이 일하던 곳이에요.

청신호
푸를 **청** 믿을 **신** 이름 **호**

푸른 등이 켜지는 **교통 신호**

예) ☐☐☐ 는 교통 신호등에서 초록불을 말해요.

어휘력과 문해력 키우기 5. 밑줄에 들어갈 어휘를 찾아 선을 연결하세요.

대통령 집무실이 있었던 _____에서 기념일을 맞아 큰 행사가 열렸다.	청신호
횡단보도에 _____가 켜지면 사람들이 안전하게 건널 수 있다.	청동기
청동으로 도구를 만들던 시대를 _____ 시대라고 한다.	청와대
고려_____는 고려 시대에 만들어진 푸른 도자기를 가리킨다.	청자
_____은 금속으로 고대에 무기와 도구를 만드는 데 사용했다.	청동

 '푸르다'에는 초록색과 파란색의 뜻이 모두 있어서 교통 신호에서 '초록불', '파란불' 둘 다 맞는 표현이에요.

14일차

월   일

利 이로울 리
뜻   소리

'이롭다'는 이익이 있다는 뜻이에요.

눈으로 익히기 1. 利(이로울 리)와 같은 한자에 ○표 하세요.

金 利 角 利 金 角 金
角 金 分 利 分 金
分 角 利
利 角 分
分 分 金 角 利

5개를 찾으세요!

쓰면서 익히기   2. 한자를 소리 내어 읽고 따라 쓰세요.

쓰는 순서	一 二 千 千 禾 利 利			
利 이로울 리	利 이로울 리	利 이로울 리		

어휘 속 한자 찾기   3. 어휘를 따라 쓰고 利에 해당하는 뜻에 ○표 하세요.

利 익	이익	ⓘ롭고 도움이 됨
이로울 이 / 더할 익		

利 용	이용	대상을 필요에 따라 **이롭게** 씀
이로울 이 / 쓸 용		

권 利	권리	**이로운** 권한. 어떤 일을 누릴 수 있는 힘
권리 권 / 이로울 리		

편 利	편리	편하고 **이로움**
편할 편 / 이로울 리		

불 利 익	불이익	**이롭지** 않음. 이익이 되지 않음
아닐 불 / 이로울 이 / 더할 익		

2장 사회 67

교과 어휘 익히기

4. 색깔 뜻풀이에 밑줄을 그으며 읽고, 빈칸을 채우세요.

이 익
이로울 이　더할 익

이롭고 도움이 됨

예) 시장에서 물건을 싸게 사면 □□이에요.

이 용
이로울 이　쓸 용

대상을 필요에 따라 **이롭게 씀**

예) 인터넷을 □□해서 숙제를 했어요.

권 리
권리 권　이로울 리

이로운 권한. 어떤 일을 누릴 수 있는 힘

예) 우리는 차별받지 않을 □□가 있어요.

편 리
편할 편　이로울 리

편하고 이로움

예) 자동문은 손을 대지 않아도 열려서 □□해요.

불이익
아닐 불 이로울 이 더할 익

이롭지 않음. 이익이 되지 않음

예) 시험에서 □□□을 받은 학생들이 선생님께 건의했어요.

어휘력과 문해력 키우기 5. 밑줄에 들어갈 어휘를 찾아 선을 연결하세요.

- 모든 어린이는 학교에서 기본적인 교육을 받을 _____가 있다. • • 이용

- 선생님께서 도서관을 _____하는 방법에 대해 자세히 알려 주셨다. • • 권리

- 전자책은 언제 어디서나 읽을 수 있어서 매우 _____하다. • • 이익

- 물건을 저렴하게 사서 비싸게 팔면 _____을 얻을 수 있다. • • 편리

- 공공장소에서 규칙을 안 지키면 _____을 받을 수 있다. • • 불이익

 자신의 '권리'를 주장할 때는 항상 다른 사람의 '권리'도 함께 생각해야 해요.

15일차

金 쇠 금
(뜻) (소리)

金은 돈, 화폐의 뜻도 있어요.

눈으로 익히기 1. 金(쇠 금)과 같은 한자에 ○표 하세요.

金 分 度 分 度 金
度 金 角 分 角
分 度
角 分 角 金
角 金 度 分

5개를 찾으세요!

쓰면서 익히기
2. 한자를 소리 내어 읽고 따라 쓰세요.

쓰는 순서	ノ 𠆢 𠆢 𠆢 仐 仐 슢 金				
金	金	金			
쇠 금	쇠 금	쇠 금			

어휘 속 한자 찾기
3. 어휘를 따라 쓰고 金에 해당하는 뜻에 ○표 하세요.

金 쇠 금	융 통할 융	금융	ⓢ돈을 빌리거나 빌려주는 일
金 쇠 금	액 액수 액	금액	돈의 액수
예 맡길 예	金 쇠 금	예금	은행 등에 돈을 맡기는 일
세 세금 세	金 쇠 금	세금	국민이 소득의 일부를 국가에 납부하는 돈
요 헤아릴 요	金 쇠 금	요금	어떤 것을 사용한 대가로 치르는 돈

교과 어휘 익히기

4. 색깔 뜻풀이에 밑줄을 그으며 읽고, 빈칸을 채우세요.

금융
쇠 **금**   통할 **융**

돈을 빌리거나 빌려주는 일

예) ☐☐ 기관은 돈을 빌려주고 맡아 줘요.

금액
쇠 **금**   액수 **액**

돈의 액수

예) 하루 동안 지출한 ☐☐ 이 너무 커요.

예금
맡길 **예**   쇠 **금**

은행 등에 **돈을 맡기는 일**

예) ☐☐ 통장을 만들어 용돈을 모으고 있어요.

세금
세금 **세**   쇠 **금**

국민이 소득의 일부를 **국가에 납부하는 돈**

예) 물건값은 ☐☐ 이 포함된 가격이에요.

요금
헤아릴 **요**   쇠 **금**

어떤 것을 **사용한 대가로 치르는 돈**

예) 자동차를 주차할 때 주차 ☐☐ 을 내요.

어휘력과 문해력 키우기 5. 밑줄에 들어갈 어휘를 찾아 선을 연결하세요.

대중교통을 이용할 때는 카드로 _____을 지불할 수 있다.	세금
은행, 보험 회사, 증권 회사 등은 대표적인 _____ 기관이다.	요금
저축 계획을 세울 때는 저축 기간과 저축 _____을 정하는 게 좋다.	금융
_____은 은행에 돈을 맡겨서 안전하게 보관할 수 있는 방법이다.	금액
국민이 내는 _____으로 학교와 도로, 병원 같은 공공시설을 만든다.	예금

 은행에 '예금'을 하고 일정 기간 동안 돈을 맡겨 두면 이자를 받을 수 있어요.

어휘 복습하기

1. 빈칸에 한자 어휘를 한글로 쓰세요.

法원	▶		▶	**법**에 따라 재판을 하는 국가 기관
수都	▶		▶	한 나라의 정부가 있는 **도시**
民화	▶		▶	**일반 서민들**이 그린 그림
古전	▶		▶	높이 평가되는 **옛** 서적이나 작품

2. 대화의 밑줄 친 곳에 공통으로 들어갈 어휘를 쓰세요.

_____는 우리가 사는 곳을 작게 줄여서 평면에 알기 쉽게 나타낸 그림이야.

우리가 모르는 곳을 갈 때도 _____를 살펴보지!

3. 빈칸에 알맞은 어휘를 보기에서 찾아 쓰세요.

보기: 이익   신도시   권리

❶ [　　　] 에 호수 공원과 넓은 도로가 만들어졌다.

❷ 사람들은 자유롭게 생각하고 표현할 [　　　] 가 있다.

❸ 절약하는 습관은 경제적으로 [　　　] 을 가져다준다.

4. 초성을 보고 靑(푸를 청)이 들어가는 어휘를 쓰세요.

❶ 대통령의 집무실과 관저가 있었던 ㅊ ㅇ ㄷ 로 견학을 갔다.

❷ ㅊ ㄷ ㄱ 시대에는 금속으로 만든 도구와 무기를 사용했다.

5. 다음 문장에 어울리는 어휘를 골라 ○표 하세요.

❶ 우리나라의 최고의 법은 (법칙 / 헌법)이다.

❷ 옛 무덤 중 역사적인 자료가 되는 것을 (고분 / 고택)이라고 한다.

6. 밑줄에 들어갈 어휘를 글자 카드에서 만들어 쓰세요.

❶ _____는 촌락에 비해 사람이 많이 살고 정치와 경제, 문화의 중심이 되는 곳이다.

천   시   도

❷ 맑고 고운 푸른색을 띠는 _____는 고려 시대의 도자기이다.

청   동   자

7. 가로 열쇠와 세로 열쇠의 뜻풀이를 읽고 퍼즐을 완성하세요.

	①		② 민_民			③
				④		도_圖
	⑤					
⑥		도_都				⑦
					⑧		금_金

가로 열쇠

1 고향을 잃어버린 사람들.
4 각종 정보를 써넣기 위해 윤곽만 그린 지도.
6 수도를 중심으로 한 주변 대도시 지역.
8 국민이 소득의 일부를 국가에 납부하는 돈.

세로 열쇠

2 백성들 사이에서 불리며 전해 내려오는 전통 노래.
3 땅의 모양을 그린 지도.
5 도읍을 옮김.
7 어떤 것을 사용한 대가로 치르는 돈.

3장

수학·과학

일차	한자	뜻	단어
16일차	分	나눌 분	분수 | 분모 | 분자 | 분류 | 등분
17일차	角	각도 각	각도 | 예각 | 둔각 | 각도기 | 삼각형
18일차	度	정도 도	온도 | 습도 | 농도 | 밀도 | 온도계
19일차	化	될 화	화석 | 부화 | 진화 | 기화 | 온난화
20일차	生	날 생	공생 | 기생 | 재생 | 생산자 | 생태계
21일차	光	빛 광	광원 | 야광 | 발광 | 광합성 | 형광등
22일차	質	바탕 질	질량 | 질감 | 성질 | 물질 | 품질
23일차	星	별 성	혜성 | 유성 | 항성 | 행성 | 북극성

16일차

월 일

分 나눌 분
뜻 소리

눈으로 익히기

1. 分(나눌 분)과 같은 한자에 ○표 하세요.

化 角 分 角 分 化
分 化 度 角 度
     度   分
   角   度 化
度   化   角
   度 化 分

쓰면서 익히기

2. 한자를 소리 내어 읽고 따라 쓰세요.

쓰는 순서	ノ 八 今 分			
分	分	分		
나눌 분	나눌 분	나눌 분		

어휘 속 한자 찾기

3. 어휘를 따라 쓰고 分에 해당하는 뜻에 ○표 하세요.

| 分 나눌 분 | 수 셈 수 | 분수 | 수를 (나누어) 가로선으로 나타낸 모양 |

| 分 나눌 분 | 모 어머니 모 | 분모 | 분수에서 **나눈** 수. 가로선 아래쪽에 있는 수 |

| 分 나눌 분 | 자 아들 자 | 분자 | 분수에서 **나뉜** 수. 가로선 위쪽에 있는 수 |

| 分 나눌 분 | 류 무리 류 | 분류 | 종류에 따라서 **나눔** |

| 등 무리 등 | 分 나눌 분 | 등분 | 분량을 똑같이 **나눔** |

3장 수학·과학 81

교과 어휘 익히기

4. 색깔 뜻풀이에 밑줄을 그으며 읽고, 빈칸을 채우세요.

분수
나눌 분 | 셈 수

수를 나누어 가로선으로 **나타낸 모양**

예) ☐☐ 는 전체를 나눈 일부분을 나타내요.

분모
나눌 분 | 어머니 모

분수에서 나눈 수. 가로선 아래쪽에 있는 수

예) 분수 1/2에서 2가 ☐☐ 예요.

분자
나눌 분 | 아들 자

분수에서 나뉜 수. 가로선 위쪽에 있는 수

예) 분수 3/4에서 3이 ☐☐ 예요.

분류
나눌 분 | 무리 류

종류에 따라서 나눔

예) 책을 주제별로 ☐☐ 해서 정리했어요.

등분
무리 등 | 나눌 분

분량을 똑같이 나눔

예) 빵을 여러 ☐☐ 으로 나누어 친구들과 먹었어요.

82

어휘력과 문해력 키우기

5. 밑줄에 들어갈 어휘를 찾아 선을 연결하세요.

환경 보호를 위해 쓰레기는 재활용할 수 있게 종류별로 _____ 해야 한다.	등분
초콜릿을 똑같이 _____ 해서 동생과 함께 맛있게 나누어 먹었다.	분류
분수에서 분모가 같은 경우, _____가 클수록 큰 수이다.	분수
분수를 더할 때 먼저 _____를 같게 만들어야 한다.	분모
피자 한 판의 네 조각 중 한 조각을 _____로 나타내면 1/4이다.	분자

 '분류'는 물건이나 정보를 종류별로 나누는 방법이에요.

17일차

월   일

角

각도 각

뜻   소리

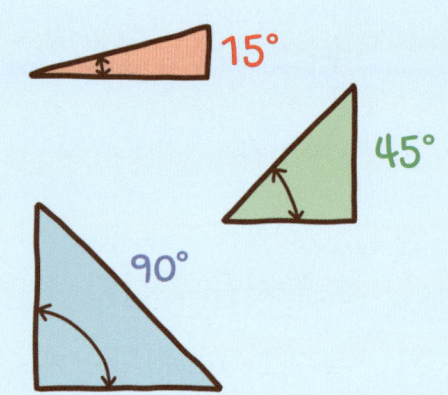

눈으로 익히기

1. 角(각도 각)과 같은 한자에 ○표 하세요.

度 化 生 化 生
化
生 度 角 化 角
度 生
化 角 度
角 度 生 化

5개를 찾으세요!

쓰면서 익히기 2. 한자를 소리 내어 읽고 따라 쓰세요.

✏️ 쓰는 순서	ノ ⺈ ⺈ 乃 角 角 角			
角	角	角		
각도 각	각도 각	각도 각		

어휘 속 한자 찾기 3. 어휘를 따라 쓰고 角에 해당하는 뜻에 ○표 하세요.

| 角 도 | 각도 | ㉠의 크기 |
| 각도 각 / 정도 도 | | |

| 예 角 | 예각 | 날카로운 **각**. 직각보다 작은 각 |
| 날카로울 예 / 각도 각 | | |

| 둔 角 | 둔각 | 무딘 **각**. 직각보다 큰 각 |
| 무딜 둔 / 각도 각 | | |

| 角 도 기 | 각도기 | **각**의 크기를 재는 도구 |
| 각도 각 / 정도 도 / 도구 기 | | |

| 삼 角 형 | 삼각형 | **각**이 세 개인 도형 |
| 석 삼 / 각도 각 / 모양 형 | | |

교과 어휘 익히기

4. 색깔 뜻풀이에 밑줄을 그으며 읽고, 빈칸을 채우세요.

각도
각도 **각** 정도 **도**

<u>각의 크기</u>

예) ☐☐를 맞추어 네모를 그렸어요.

예각
날카로울 **예** 각도 **각**

날카로운 각. 직각보다 작은 각

예) 예각삼각형은 세 각이 모두 ☐☐인 삼각형이에요.

둔각
무딜 **둔** 각도 **각**

무딘 각. 직각보다 큰 각

예) 둔각삼각형은 한 각이 ☐☐인 삼각형이에요.

각도기
각도 **각** 정도 **도** 도구 **기**

각의 크기를 재는 도구

예) ☐☐☐ 를 사용해 원의 각도를 나눴어요.

삼각형
석 **삼** 각도 **각** 모양 **형**

각이 세 개인 도형

예) ☐☐☐의 세 각도를 더하면 항상 180도가 돼요.

어휘력과 문해력 키우기   5. 밑줄에 들어갈 어휘를 찾아 선을 연결하세요.

_____은 각이 세 개이며, 세 개의 선분으로 둘러싸인 도형을 말한다.	각도기
각도를 잴 때 _____를 사용하면 쉽고 정확하게 측정할 수 있다.	삼각형
_____은 90도(직각)보다 크고 180도보다 작은 각도를 말한다.	각도
건축가들은 집을 설계할 때 특히 _____를 정확히 측정한다.	예각
_____은 0도보다 크고 90도보다 작은 각도를 말한다.	둔각

 '삼각형'은 각의 크기에 따라 직각삼각형, 둔각삼각형, 예각삼각형으로 나뉘어요.

18일차

度 정도 도
(뜻) (소리)

눈으로 익히기 1. 度(정도 도)와 같은 한자에 ○표 하세요.

5개를 찾으세요!

化　度　光　度　光　化
光　　　　　　　　　生
　化　生　度
　　　光
　　度　　　化
生　　　生
　　化　　度
　生　　光

쓰면서 익히기 2. 한자를 소리 내어 읽고 따라 쓰세요.

쓰는 순서	丶 亠 广 庁 庐 庍 庋 度 度			
度 정도 도	度 정도 도	度 정도 도		

어휘 속 한자 찾기 3. 어휘를 따라 쓰고 度에 해당하는 뜻에 ○표 하세요.

온 度 따뜻할 온　정도 도	온도	따뜻한 ⓒ정도
습 度 축축할 습　정도 도	습도	공기의 축축한 **정도**
농 度 짙을 농　정도 도	농도	용액의 진하거나 묽은 **정도**
밀 度 빽빽할 밀　정도 도	밀도	빽빽이 들어선 **정도**
온 度 계 따뜻할 온　정도 도　셀 계	온도계	차갑고 따뜻한 **정도**를 재는 기계

3장 수학·과학 89

교과 어휘 익히기 4. 색깔 뜻풀이에 밑줄을 그으며 읽고, 빈칸을 채우세요.

온도
따뜻할 **온** 정도 **도**

따뜻한 정도

예) 여름에는 ☐☐ 가 높아서 매우 더워요.

습도
축축할 **습** 정도 **도**

공기의 **축축한 정도**

예) 겨울에는 ☐☐ 가 낮아서 가습기를 켜요.

농도
짙을 **농** 정도 **도**

용액의 **진하거나 묽은 정도**

예) 바닷물은 소금의 ☐☐ 가 높아서 짜요.

밀도
빽빽할 **밀** 정도 **도**

빽빽이 들어선 정도

예) 나무는 ☐☐ 가 낮아 물에 뜨고 가벼워요.

온도계
따뜻할 **온** 정도 **도** 셀 **계**

차갑고 **따뜻한 정도를 재는 기계**

예) 방 안의 온도를 ☐☐☐ 로 확인해요.

어휘력과 문해력 키우기   5. 밑줄에 들어갈 어휘를 찾아 선을 연결하세요.

과학 실험에서 _____를 사용해 온도의 변화를 기록했다.	습도
주스의 _____가 진하면 맛이 더욱 강하고 풍부하게 느껴진다.	농도
따뜻하고 차가운 정도를 숫자로 나타낸 것을 _____라고 한다.	온도
물과 기름은 _____의 차이 때문에 서로 섞이지 않고 분리된다.	밀도
비가 오는 날에는 _____가 높아서 빨래가 잘 마르지 않는다.	온도계

 물속에서 '밀도'가 높은 물건은 가라앉고, '밀도'가 낮은 물건은 뜨게 돼요.

19일차

월 일

化 될 화
뜻 소리

化는 되다, 변하다, 변화하다는 뜻이 있어요.

눈으로 익히기 1. 化(될 화)와 같은 한자에 ○표 하세요.

5개를 찾으세요!

쓰면서 익히기

2. 한자를 소리 내어 읽고 따라 쓰세요.

✏️ 쓰는 순서	ノ 亻 仁 化			
化 될 화	化 될 화	化 될 화		

어휘 속 한자 찾기

3. 어휘를 따라 쓰고 化에 해당하는 뜻에 ○표 하세요.

化 석 될 화 / 돌 석	화석	오랜 시간에 걸쳐 동물과 식물이 돌이 (되는)것
부 化 알 깔 부 / 될 화	부화	알을 깨고 나와 새끼가 **되는** 것
진 化 나아갈 진 / 될 화	진화	일이나 사물이 점점 더 나은 것이 **됨**
기 化 공기 기 / 될 화	기화	액체가 기체로 **변하는** 현상
온 난 化 따뜻할 온 / 따뜻할 난 / 될 화	온난화	지구의 기온이 높게 **변하는** 현상

3장 수학·과학

교과 어휘 익히기 4. 색깔 뜻풀이에 밑줄을 그으며 읽고, 빈칸을 채우세요.

화 석
될 화 돌 석

오랜 시간에 걸쳐 **동물과 식물이 돌이 되는 것**

예) 공룡의 뼈가 □□ 으로 남아 있어요.

부 화
알 깔 부 될 화

알을 깨고 나와 새끼가 되는 것

예) 어미 새는 알을 품어 □□ 시켜요.

진 화
나아갈 진 될 화

일이나 사물이 **점점 더 나은 것이 됨**

예) 인간은 □□ 를 통해 지금의 모습이 되었어요.

기 화
공기 기 될 화

액체가 **기체로 변하는 현상**

예) 물이 끓으면 □□ 되어 수증기로 변해요.

온난화
따뜻할 온 따뜻할 난 될 화

지구의 기온이 높게 변하는 현상

예) □□□ 로 인해 해수면이 상승하고 있어요.

어휘력과 문해력 키우기 5. 밑줄에 들어갈 어휘를 찾아 선을 연결하세요.

_____은 오래된 뼈나 식물이 돌처럼 단단하게 변한 것을 말한다. • • 진화

지구 _____로 인해 기온이 상승해 여름이 점점 더 더워지고 있다. • • 온난화

스마트폰은 기술의 _____를 통해 생활을 편리하게 만들어 주었다. • • 화석

거북은 따뜻한 모래 속에 알을 낳고, 알은 시간이 지나면 _____한다. • • 기화

_____는 액체가 열을 받아 기체로 변하는 과정을 가리킨다. • • 부화

 '온난화'를 막기 위해 우리가 할 수 있는 일은 전기 아끼기, 일회용품 사용 줄이기 등이 있어요.

20일차

생은 나다, 태어나다, 살다를 뜻하는 한자예요.

生
날 생
뜻 소리

눈으로 익히기 1. 生(날 생)과 같은 한자에 ○표 하세요.

5개를 찾으세요!

星 光 生 光 生 星
生   星 質
  星 質 光
  光 生
質 光   星
    質
  質 星 光
      生

96

쓰면서 익히기 2. 한자를 소리 내어 읽고 따라 쓰세요.

✏️ 쓰는 순서	ノ ⺊ ⺹ 牛 生			
生 날 생	生 날 생	生 날 생		

어휘 속 한자 찾기 3. 어휘를 따라 쓰고 生에 해당하는 뜻에 ○표 하세요.

공 生 함께 공 　날 생	공생	서로 도우며 함께 ⓢ살아감
기 生 기댈 기 　날 생	기생	다른 생물에 기대어 **살아감**
재 生 다시 재 　날 생	재생	다시 **살아남**
生 산 자 날 생 생산할 산 사람 자	생산자	**살아가는** 데 필요한 양분을 스스로 만드는 식물
生 태 계 날 생 모습 태 이을 계	생태계	생물이 **살아가는** 세계

3장 수학·과학

교과 어휘 익히기

4. 색깔 뜻풀이에 밑줄을 그으며 읽고, 빈칸을 채우세요.

공생
함께 공   날 생

서로 도우며 **함께 살아감**

예) 꽃과 벌은 □□ 관계이며, 벌이 꽃의 꽃가루를 옮겨 줘요.

기생
기댈 기   날 생

다른 생물에 **기대어 살아감**

예) □□ 식물은 다른 나무에 붙어 영양분을 빼앗아요.

재생
다시 재   날 생

다시 살아남

예) 코팅된 종이컵은 □□이 어려워요.

생산자
날 생   생산할 산   사람 자

살아가는 데 필요한 양분을 스스로 만드는 식물

예) 식물은 햇빛으로 영양분을 스스로 만드는 □□□예요.

생태계
날 생   모습 태   이을 계

생물이 살아가는 세계

예) 숲은 다양한 생물이 어우러져 사는 □□□예요.

어휘력과 문해력 키우기   5. 밑줄에 들어갈 어휘를 찾아 선을 연결하세요.

벼룩은 개와 고양이 등 다른 동물의 피를 빨아 먹으며 _____ 한다.	재생
생활 속에서 나온 종이를 재활용하여 새로운 종이로 _____ 할 수 있다.	생산자
_____ 가 없으면 초식 동물은 먹이를 찾을 수 없다.	생태계
무분별한 개발로 인해 소중한 자연 _____ 가 파괴되고 있다.	공생
정원에서 식물과 벌레는 서로 도움을 주면서 _____ 하며 살아간다.	기생

 '생산자'는 사회 과목에서 '물건을 생산하는 사람'이라는 뜻으로 쓰여요.

21일차

월 일

光 빛 광
뜻　소리

눈으로 익히기
1. 光(빛 광)과 같은 한자에 ○표 하세요.

質　星　畫　星　畫　質
畫　質　光　星　光
　　　　畫
光　星　光　質
　光　質　畫　星

5개를 찾으세요!

쓰면서 익히기

2. 한자를 소리 내어 읽고 따라 쓰세요.

쓰는 순서	丨 ⺌ ⺍ 半 光 光			
光 빛 광	光 빛 광	光 빛 광		

어휘 속 한자 찾기

3. 어휘를 따라 쓰고 光에 해당하는 뜻에 ○표 하세요.

光 원
빛 광 / 근원 원 → 광원 → 스스로 빛을 내는 것

야 光
밤 야 / 빛 광 → 야광 → 어두운 곳에서 빛이 나는 것

발 光
일어날 발 / 빛 광 → 발광 → 빛을 냄

光 합 성
빛 광 / 합할 합 / 이룰 성 → 광합성 → 햇빛을 합해서 양분을 만들어 내는 것

형 光 등
반딧불이 형 / 빛 광 / 등 등 → 형광등 → 반딧불이처럼 빛을 내는 등

교과 어휘 익히기

4. 색깔 뜻풀이에 밑줄을 그으며 읽고, 빈칸을 채우세요.

광원
빛 광 / 근원 원

<u>스스로 빛을 내는 것</u>

예) 태양과 별은 모두 □□ 이에요.

야광
밤 야 / 빛 광

어두운 곳에서 빛이 나는 것

예) □□ 스티커는 어두운 밤에도 빛나요.

발광
일어날 발 / 빛 광

빛을 냄

예) 반딧불이는 밤에 스스로 □□ 해요.

광합성
빛 광 / 합할 합 / 이룰 성

햇빛을 합해서 양분을 만들어 내는 것

예) 나무는 □□□ 을 해서 우리에게 산소를 제공해요.

형광등
반딧불이 형 / 빛 광 / 등 등

반딧불이처럼 빛을 내는 등

예) □□□ 은 전기를 사용해 빛을 내는 조명 기구예요.

어휘력과 문해력 키우기 5. 밑줄에 들어갈 어휘를 찾아 선을 연결하세요.

식물은 잎으로 햇빛을 받아서 _____을 하여 양분을 만든다. • • **광합성**

_____이 깜박여서 새것으로 바꾸니 방 안이 훨씬 환해졌다. • • **형광등**

해파리 중에는 _____ 하는 종류가 있어서 바닷속에서도 빛을 낸다. • • **광원**

태양은 스스로 빛을 내는 지구에서 가장 중요한 _____이다. • • **야광**

내 손목시계는 어두운 밤에도 빛이 나는 _____ 시계이다. • • **발광**

 '광합성'은 지구의 공기를 신선하게 하고, 지구의 생명을 유지하는 데 중요한 역할을 해요.

22일차

월   일

質은 바탕, 본질, 품질을 뜻하는 한자예요.

質

바탕 질

뜻   소리

눈으로 익히기

1. 質(바탕 질)과 같은 한자에 ○표 하세요.

5개를 찾으세요!

星 質 音 質 音 星
音   畫 質 畫
星 畫 音 星
畫 質 畫
星 質
畫 星 音

쓰면서 익히기
2. 한자를 소리 내어 읽고 따라 쓰세요.

쓰는 순서	一 厂 ㅏ 斤 斤 斤 斤 斤 斤 所 所 質 質 質 質
質 바탕 질	質 바탕 질 / 質 바탕 질

어휘 속 한자 찾기
3. 어휘를 따라 쓰고 質에 해당하는 뜻에 ○표 하세요.

質 바탕 질	량 헤아릴 량	질량	변하지 않는 물체의 ⓞ고유한 양
質 바탕 질	감 느낄 감	질감	사물의 표면이 주는 **고유의** 느낌
성 성질 성	質 바탕 질	성질	물질마다 가지고 있는 **고유한** 특성
물 만물 물	質 바탕 질	물질	물체를 이루고 있는 **본바탕**
품 물건 품	質 바탕 질	품질	물건의 성질과 **바탕**

교과 어휘 익히기

4. 색깔 뜻풀이에 밑줄을 그으며 읽고, 빈칸을 채우세요.

질량
바탕 질 · 헤아릴 량

변하지 않는 **물체의 고유한 양**

예) 우주에서도 물체의 ☐☐ 은 변하지 않아요.

질감
바탕 질 · 느낄 감

사물의 **표면이 주는 고유의 느낌**

예) 진흙의 ☐☐ 은 촉촉하고 부드러워요.

성질
성질 성 · 바탕 질

물질마다 가지고 있는 **고유한 특성**

예) 물은 액체라는 ☐☐ 을 가지고 있어요.

물질
만물 물 · 바탕 질

물체를 이루고 있는 본바탕

예) ☐☐ 은 온도에 따라 고체, 액체, 기체로 변해요.

품질
물건 품 · 바탕 질

물건의 성질과 바탕

예) 이 가방은 ☐☐ 이 좋아요.

어휘력과 문해력 키우기

5. 밑줄에 들어갈 어휘를 찾아 선을 연결하세요.

이 제품은 _____이 매우 뛰어나서 오랫동안 고장 없이 사용했다.	물질
차가운 얼음은 액체인 물이 얼어서 고체 상태가 된 _____이다.	성질
고양이 털은 _____이 부드러워서 만지면 기분이 좋아진다.	품질
유리는 투명한 _____이 있어서 창문이나 안경을 만들 때 사용된다.	질량
지구와 달에서 물체의 _____은 같고, 무게는 달라진다.	질감

 '질감'은 종이, 나무, 천 등 다양한 재료의 특성을 구분하는 데 도움을 줘요.

23일차

월 일

별 성

(뜻) (소리)

눈으로 익히기

1. 星(별 성)과 같은 한자에 ○표 하세요.

星　體　畫　　　　體　星
　畫　　　畫
體　　音　　　　音
　星　　　體
　畫　　音　　星
音　　　　畫
　　星
音　　體

5개를 찾으세요!

쓰면서 익히기

2. 한자를 소리 내어 읽고 따라 쓰세요.

✏️ 쓰는 순서	ㅣ ㄇ ㄇ 日 日 ㅌ 旦 里 星 星			
星	星	星		
별 성	별 성	별 성		

어휘 속 한자 찾기

3. 어휘를 따라 쓰고 星에 해당하는 뜻에 ○표 하세요.

혜 星 꼬리별 혜 별 성	혜성	태양 주위를 도는 꼬리 달린 (**별**)
유 星 흐를 유 별 성	유성	흐르는 **별** (혜성에서 떨어져 나온 먼지로 대기와 마찰하며 빛을 내는 것)
항 星 항상 항 별 성	항성	움직이지 않고 항상 같은 자리에서 빛을 내는 **별**
행 星 다닐 행 별 성	행성	떠돌아다니는 **별** (항성 주위를 돌면서 스스로 빛을 내지 못하는 천체)
북 극 星 북녘 북 다다를 극 별 성	북극성	북극 가까이에 있는 **별**

3장 수학·과학 109

교과 어휘 익히기 4. 색깔 뜻풀이에 밑줄을 그으며 읽고, 빈칸을 채우세요.

혜성
꼬리별 **혜** 별 **성**

태양 주위를 도는 **꼬리 달린 별**

예 ☐☐ 의 꼬리는 태양 가까이 갈 때 더 밝아져요.

유성
흐를 **유** 별 **성**

흐르는 별 (혜성에서 떨어져 나온 먼지로 대기와 마찰하며 빛을 내는 것)

예 ☐☐ 이 떨어질 때 소원을 빌면 이루어진대요.

항성
항상 **항** 별 **성**

움직이지 않고 **항상 같은 자리에서 빛을 내는 별**

예 태양은 지구에서 가장 가까운 ☐☐ 이에요.

행성
다닐 **행** 별 **성**

떠돌아다니는 별 (항성 주위를 돌면서 스스로 빛을 내지 못하는 천체)

예 지구는 태양계에서 하나의 ☐☐ 이에요.

북극성
북녘 **북** 다다를 **극** 별 **성**

북극 가까이에 있는 별

예 ☐☐☐ 은 밤하늘에서 북쪽을 가리켜요.

어휘력과 문해력 키우기   5. 밑줄에 들어갈 어휘를 찾아 선을 연결하세요.

_____은 태양을 중심으로 돌며 태양과 가까워지면 꼬리가 생긴다.	항성
토성은 아름다운 고리가 있는 _____으로 널리 알려져 있다.	북극성
'별똥별'이라고도 불리는 _____은 밤하늘에서 빛을 내며 떨어진다.	혜성
북극성과 같은 붙박이별은 항상 같은 자리에 있는 _____이다.	행성
_____은 많은 탐험가들에게 길을 찾을 수 있는 길잡이가 되어 주었다.	유성

 '혜성'은 태양 주위를 도는 천체이고, '유성'은 혜성의 파편으로 지구에 떨어지면서 빛을 내요.

어휘 복습하기

1. 빈칸에 한자 어휘를 한글로 쓰세요.

한자	한글	뜻
夜光		어두운 곳에서 **빛**이 나는 것
共生		서로 도우며 함께 **살아감**
孵化		알을 깨고 나와 새끼가 **되는** 것
分數		수를 **나누어** 가로선으로 나타낸 모양

2. 대화의 밑줄 친 곳에 공통으로 들어갈 어휘를 쓰세요.

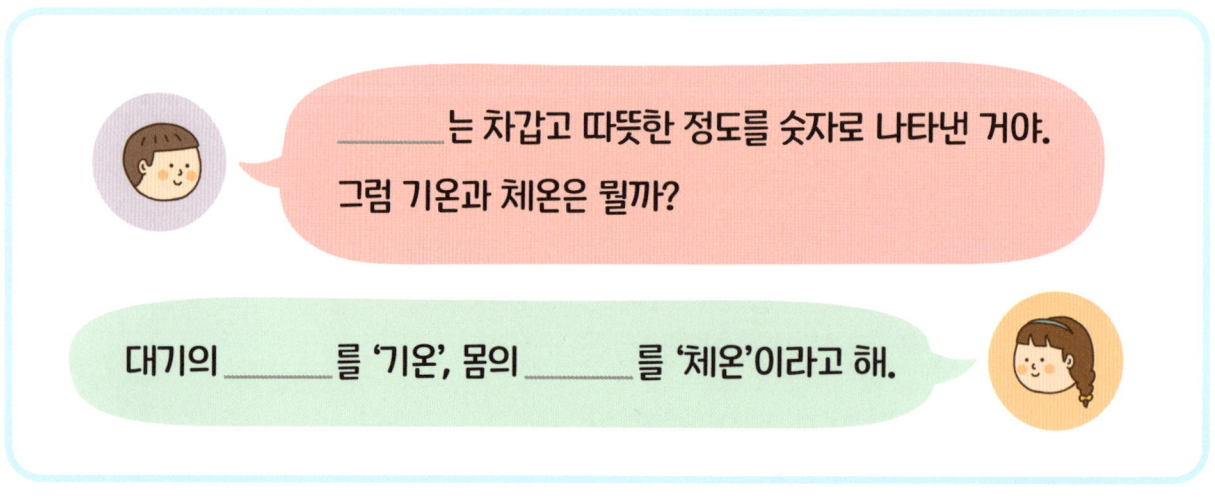

_____는 차갑고 따뜻한 정도를 숫자로 나타낸 거야. 그럼 기온과 체온은 뭘까?

대기의 _____를 '기온', 몸의 _____를 '체온'이라고 해.

3. 빈칸에 알맞은 어휘를 보기에서 찾아 쓰세요.

보기   질량   분류   각도

❶ 각의 크기를 [　　　] 라고 하며, 직각은 90도를 말한다.

❷ 도서관에는 많은 책이 주제별로 [　　　] 되어 있다.

❸ 우주에서 물건의 [　　　] 은 변하지 않지만, 무게는 줄어든다.

4. 초성을 보고 光(빛 광)이 들어가는 어휘를 쓰세요.

❶ 식물은 ㄱ ㅎ ㅅ 을 통해 자신에게 필요한 영양분을 만든다.

❷ ㅎ ㄱ ㄷ 은 전기를 사용해 빛을 내며 실내를 밝게 밝힌다.

5. 다음 문장에 어울리는 어휘를 골라 ○표 하세요.

❶ (분모 / 분자)는 분수에서 아래쪽에 있는 수이다.

❷ 날카로운 각도를 뜻하는 (둔각 / 예각)은 직각보다 작은 각이다.

6. 밑줄에 들어갈 어휘를 글자 카드에서 만들어 쓰세요.

❶ 박물관에 가서 공룡 _____과 여러 가지 암석을 직접 보니 흥미로웠다.

행 석 화

❷ 지구는 태양 주위를 돌며, 태양계에서 유일하게 생명이 살 수 있는 _____이다.

행 항 성

7. 가로 열쇠와 세로 열쇠의 뜻풀이를 읽고 퍼즐을 완성하세요.

① ②
③ 각 角   ④   도 度
        ⑤
⑥   ⑦   성 星
⑧ 생 生

가로 열쇠

3 각의 크기를 재는 도구.
4 공기의 축축한 정도.
7 북극 가까이에 있는 별.
8 생물이 살아가는 세계.

세로 열쇠

1 각이 세 개인 도형.
2 용액의 진하거나 묽은 정도.
5 태양 주위를 도는 꼬리 달린 별.
6 다른 생물에 기대어 살아감.

4장

예체능·학교생활

24일차	**畫**	그림 화
		판화 | 벽화 | 수묵화 | 정물화 | 풍경화

25일차	**音**	소리 음
		음악 | 음표 | 음성 | 화음 | 녹음

26일차	**體**	몸 체
		체육 | 체조 | 체력 | 체험 | 신체

27일차	**年**	해 년
		학년 | 작년 | 내년 | 저학년 | 고학년

28일차	**時**	때 시
		시간 | 시각 | 시계 | 잠시 | 시간표

29일차	**室**	집 실
		실내 | 교실 | 보건실 | 과학실 | 도서실

30일차	**會**	모일 회
		회의 | 회장 | 조회 | 대회 | 전시회

24일차

월   일

畫 그림 화
뜻   소리

눈으로 익히기   1. 畫(그림 화)와 같은 한자에 ○표 하세요.

年 音 畫 音 畫 年
畫   音
年 體   音 體
     畫
   音 畫   年
體   體
   體 年 畫 音

5개를 찾으세요!

쓰면서 익히기

2. 한자를 소리 내어 읽고 따라 쓰세요.

쓰는 순서	ㄱ ㄱ ㄱ ㄹ 圭 圭 畫 畫 畫 畫 畫 畫
畫	畫　　畫
그림 화	그림 화　　그림 화

어휘 속 한자 찾기

3. 어휘를 따라 쓰고 畫에 해당하는 뜻에 ○표 하세요.

판 畫 널빤지 판　그림 화	판화	판에 찍어 낸 (그림)
벽 畫 벽 벽　그림 화	벽화	벽에 그린 **그림**
수 묵 畫 물 수　먹 묵　그림 화	수묵화	먹물로 그린 **그림**
정 물 畫 고요할 정　만물 물　그림 화	정물화	움직이지 못하는 물건을 놓고 그린 **그림**
풍 경 畫 바람 풍　경치 경　그림 화	풍경화	풍경을 그린 **그림**

교과 어휘 익히기

4. 색깔 뜻풀이에 밑줄을 그으며 읽고, 빈칸을 채우세요.

판화
널빤지 **판**   그림 **화**

판에 찍어 낸 **그림**

예 ☐☐ 는 같은 작품을 여러 장 찍을 수 있어요.

벽화
벽 **벽**   그림 **화**

벽에 그린 **그림**

예 원시 시대의 동굴 ☐☐ 에는 사냥 장면이 그려져 있어요.

수묵화
물 **수**   먹 **묵**   그림 **화**

먹물로 그린 **그림**

예 ☐☐☐ 는 붓과 먹을 사용해서 그려요.

정물화
고요할 **정**   만물 **물**   그림 **화**

움직이지 못하는 물건을 놓고 그린 **그림**

예 사물을 자세히 관찰하며 ☐☐☐ 를 그렸어요.

풍경화
바람 **풍**   경치 **경**   그림 **화**

풍경을 그린 **그림**

예 ☐☐☐ 는 주로 야외에서 그려요.

어휘력과 문해력 키우기　5. 밑줄에 들어갈 어휘를 찾아 선을 연결하세요.

- _____는 먹으로 그린 그림으로, 선과 여백의 아름다움을 중요시한다. • • 수묵화

- _____는 나무, 금속 등에 새긴 후 종이나 천에 찍어 내는 그림이다. • • 정물화

- 자연의 아름다움을 담은 그림을 _____라고 한다. • • 풍경화

- 미술 시간에 과일을 탁자 위에 올려놓고 _____를 그렸다. • • 판화

- 고대에 만들어진 무덤 안의 벽에는 아름다운 _____가 그려져 있었다. • • 벽화

 '수묵화'에 여백이 많은 이유는 보는 이에게 상상할 수 있는 공간을 주기 위함이에요.

25일차

월 일

音 소리 음

뜻: 소리

눈으로 익히기 1. 音(소리 음)과 같은 한자에 ○표 하세요.

體 年 時 年 時
時 體 音 年 體
音 體 音 時
年 音 體
音 體 時 年

5개를 찾으세요!

쓰면서 익히기

2. 한자를 소리 내어 읽고 따라 쓰세요.

쓰는 순서	丶 亠 立 立 产 产 音 音 音			
音	音	音		
소리 음	소리 음	소리 음		

어휘 속 한자 찾기

3. 어휘를 따라 쓰고 音에 해당하는 뜻에 ○표 하세요.

音 악	음악	(소리)로 생각이나 느낌을 표현하는 예술
소리 음 / 음악 악		
音 표	음표	악보에서 **소리**의 길이와 높낮이를 나타내는 기호
소리 음 / 표시 표		
音 성	음성	사람의 **목소리**
소리 음 / 소리 성		
화 音	화음	어울려 나는 **소리**
화할 화 / 소리 음		
녹 音	녹음	**소리**를 기록함
기록할 녹 / 소리 음		

교과 어휘 익히기

4. 색깔 뜻풀이에 밑줄을 그으며 읽고, 빈칸을 채우세요.

음악
소리 **음**　음악 **악**

소리로 생각이나 느낌을 **표현하는 예술**

예) ☐☐ 을 들으며 춤추는 것을 좋아해요.

음표
소리 **음**　표시 **표**

악보에서 **소리의 길이와 높낮이를 나타내는 기호**

예) 연주를 할 때는 ☐☐ 를 잘 알아야 해요.

음성
소리 **음**　소리 **성**

사람의 목소리

예) 멀리서 귀에 익은 ☐☐ 이 들렸어요.

화음
화할 **화**　소리 **음**

어울려 나는 소리

예) 합창 시간에 아름다운 ☐☐ 을 만들었어요.

녹음
기록할 **녹**　소리 **음**

소리를 기록함

예) 내 목소리를 ☐☐ 해서 들어 보았어요.

어휘력과 문해력 키우기　5. 밑줄에 들어갈 어휘를 찾아 선을 연결하세요.

그녀는 자신의 연주를 _____해서 다시 들어 보고 고치기를 반복했다.	음악
오선지 위에 여러 가지 _____를 그리는 방법에 대해 배웠다.	화음
_____은 클래식, 재즈, 팝 등 다양한 장르로 나뉜다.	녹음
여럿이 노래를 하면서 _____을 맞춰 부르는 연습을 했다.	음표
사람이 말을 할 때 나오는 소리를 _____이라고 한다.	음성

 '화음'은 악기나 목소리로 여러 음을 동시에 내서 아름다운 소리를 만드는 것이에요.

26일차

월 일

몸 체
뜻 소리

눈으로 익히기

1. 體(몸 체)와 같은 한자에 ○표 하세요.

5개를 찾으세요!

年　體　室　體　室　年
　室　　　時　　體　時
　　體年　　　室　　年
　　　時　體　　時
　　　體年　　體
　　　時　　室

쓰면서 익히기

2. 한자를 소리 내어 읽고 따라 쓰세요.

쓰는 순서	骨 骨 骨 骨 骨 骨 骨 骨 骨 骨 骨 骨 骨 骨 骨 骨 體 體 體 體 體				
體 몸 체	體 몸 체	體 몸 체			

어휘 속 한자 찾기

3. 어휘를 따라 쓰고 體에 해당하는 뜻에 ○표 하세요.

體 육	체육	ⓜ을 튼튼하게 단련시키는 일
몸 체 / 기를 육		
體 조 몸 체 / 잡을 조	체조	일정한 형식으로 **몸**을 움직이는 가벼운 운동
體 력 몸 체 / 힘 력	체력	**몸**을 움직일 수 있게 하는 힘
體 험 몸 체 / 시험 험	체험	**몸**으로 직접 해 보는 것
신 體 몸 신 / 몸 체	신체	사람의 **몸**

교과 어휘 익히기 4. 색깔 뜻풀이에 밑줄을 그으며 읽고, 빈칸을 채우세요.

체 육
몸 체 / 기를 육

몸을 튼튼하게 단련시키는 일

예) ☐☐ 시간에 친구들과 배구를 했어요.

체 조
몸 체 / 잡을 조

일정한 형식으로 몸을 움직이는 가벼운 운동

예) 아침마다 ☐☐를 해요.

체 력
몸 체 / 힘 력

몸을 움직일 수 있게 하는 힘

예) 형은 누구보다 ☐☐이 강해요.

체 험
몸 체 / 시험 험

몸으로 직접 해 보는 것

예) 축제에서 도자기 만드는 ☐☐을 했어요.

신 체
몸 신 / 몸 체

사람의 몸

예) ☐☐ 건강을 위해 꾸준히 운동을 해요.

어휘력과 문해력 키우기 5. 밑줄에 들어갈 어휘를 찾아 선을 연결하세요.

매일 달리기와 줄넘기를 하면서 _____을 키우고 있다. • • 체조

_____ 시간에 배드민턴을 배우고서 팀을 나눠 재미있게 게임을 했다. • • 체력

운동을 하기 전에 가벼운 _____로 스트레칭을 하며 부상을 예방한다. • • 체육

우리의 _____는 근육, 뼈, 장기 등 다양한 조직으로 이루어져 있다. • • 체험

교실 밖에서 여러 가지 경험을 위해 현장 _____ 학습을 간다. • • 신체

 '체험'을 통해 우리는 새로운 것을 배울 수 있고, '체험'으로 배운 것은 기억에도 오래 남아요.

27일차

월   일

年 해 년
뜻 소리

'한 해'는 일 년을 뜻해요.

눈으로 익히기 1. 年(해 년)과 같은 한자에 ○표 하세요.

年 時 會 時 會
時 會 時 年
會 年 室 室
室 會
室 時 童 年
年 時
會

쓰면서 익히기 2. 한자를 소리 내어 읽고 따라 쓰세요.

✏️ 쓰는 순서	ノ ㄒ ㅌ ㅌ 年 年			
年	年	年		
해 년	해 년	해 년		

어휘 속 한자 찾기 3. 어휘를 따라 쓰고 年에 해당하는 뜻에 ○표 하세요.

학 年 배울 학 해 년	학년	일⓵단위로 나눈 학교 교육의 단계
작 年 이전 작 해 년	작년	올해 바로 이전의 **해**
내 年 올 내 해 년	내년	올해 바로 다음의 **해**
저 학 年 낮을 저 배울 학 해 년	저학년	낮은 학**년**
고 학 年 높을 고 배울 학 해 년	고학년	높은 학**년**

교과 어휘 익히기

4. 색깔 뜻풀이에 밑줄을 그으며 읽고, 빈칸을 채우세요.

학 년
배울 학　해 년

일 년 단위로 나눈 학교 교육의 단계

예) 같은 □□끼리 팀을 만들어 게임을 했어요.

작 년
이전 작　해 년

올해 바로 **이전의 해**

예) □□에 자전거를 처음 배웠어요.

내 년
올 내　해 년

올해 바로 **다음의 해**

예) □□에는 꼭 해외여행을 가고 싶어요.

저학년
낮을 저　배울 학　해 년

낮은 학년

예) □□□은 학교에서 놀이 시간이 많아요.

고학년
높을 고　배울 학　해 년

높은 학년

예) 이 책은 □□□ 추천 도서예요.

어휘력과 문해력 키우기 5. 밑줄에 들어갈 어휘를 찾아 선을 연결하세요.

- 수학 문제가 _____ 때는 쉬웠는데, 고학년이 될수록 어렵다. • • 학년

- _____이 바뀔 때마다 새로운 담임 선생님을 만나게 된다. • • 저학년

- 흔히 초등학교에서 5~6학년을 _____이라고 부른다. • • 고학년

- 언니는 _____이면 중학생이 되어 새로운 학교에 다니게 된다. • • 작년

- 올여름은 _____ 여름보다 더욱 더울 거라는 일기 예보가 있었다. • • 내년

 '저학년' 때는 학교에서의 규칙과 예절을 배우고 사회적인 행동을 익혀요.

28일차

월   일

뜻   소리

눈으로 익히기 1. 時(때 시)와 같은 한자에 ○표 하세요.

者　室　時　　　時　者
　時　　　室　　　會
　　者　會　　室
　　　　　時
5개를　　　室
찾으세요!　會　　　會　者
　　　　者　　　室
　　　會　　會　時

쓰면서 익히기   2. 한자를 소리 내어 읽고 따라 쓰세요.

쓰는 순서	丨 冂 冃 日 旷 旪 旪 旪 時 時
時 때 시	時 時 때 시 때 시

어휘 속 한자 찾기   3. 어휘를 따라 쓰고 時에 해당하는 뜻에 ○표 하세요.

時 간 때 시 사이 간	시간	어떤 **시각**부터 어떤 **시각**까지의 사이
時 각 때 시 새길 각	시각	**시간**의 어느 한 시점
時 계 때 시 셀 계	시계	**시각**을 나타내는 기계
잠 時 잠깐 잠 때 시	잠시	짧은 **시간**
時 간 표 때 시 사이 간 표 표	시간표	**시간**을 나누어서 할 일을 기록한 표

교과 어휘 익히기

4. 색깔 뜻풀이에 밑줄을 그으며 읽고, 빈칸을 채우세요.

시 간
때 시　사이 간

어떤 시각부터 어떤 시각까지의 사이

예) 수업 □□ 에는 떠들면 안 돼요.

시 각
때 시　새길 각

시간의 어느 한 시점

예) 버스 정류장에서 버스의 도착 □□ 을 확인해요.

시 계
때 시　셀 계

시각을 나타내는 기계

예) 아침마다 □□ 가 울리면 일어나요.

잠 시
잠깐 잠　때 시

짧은 시간

예) □□ 후에 친구가 올 거예요.

시간표
때 시　사이 간　표 표

시간을 나누어서 할 일을 기록한 표

예) □□□ 를 보고 준비물을 챙겨요.

어휘력과 문해력 키우기 5. 밑줄에 들어갈 어휘를 찾아 선을 연결하세요.

점심 _____에 맛있는 급식을 먹고 친구들과 운동장에서 놀이를 한다.	시간표
_____에는 매일 배울 과목이 순서대로 적혀 있다.	시각
그는 기차 출발 _____에 늦어서 결국 기차를 놓치고 말았다.	시간
교실 벽에 걸린 _____를 보며 수업 시간과 쉬는 시간을 확인한다.	시계
숙제가 많아서 _____도 쉴 틈이 없이 주말 내내 바쁘게 보냈다.	잠시

 초등학교 수업 '시간'은 40분씩이고, 1교시 시작 '시각'은 오전 9시예요.

29일차

월   일

室 집 실
뜻   소리

눈으로 익히기

1. 室(집 실)과 같은 한자에 ○표 하세요.

會　者　主　者　　主
　　　　　　者　　　會
主　會　室　　　室
　　　　　主
室　者　　室　　會
　室　會　　主　者

5개를 찾으세요!

138

쓰면서 익히기 2. 한자를 소리 내어 읽고 따라 쓰세요.

✏️ 쓰는 순서	ˊ ˋ ㇏ 宀 宀 宓 宓 宰 室 室			
室	室	室		
집 실	집 실	집 실		

어휘 속 한자 찾기 3. 어휘를 따라 쓰고 室에 해당하는 뜻에 ○표 하세요.

室내 (집실 / 안내) → 실내 → ⓐ이나 건물의 안

교室 (가르칠교 / 집실) → 교실 → 강의를 하는 **방**

보건室 (지킬보 / 건강할건 / 집실) → 보건실 → 학생들의 건강을 돌보고 응급 처치를 하는 **곳**

과학室 (과목과 / 배울학 / 집실) → 과학실 → 과학 실험을 하는 **곳**

도서室 (그림도 / 글서 / 집실) → 도서실 → 도서를 모아 두고 볼 수 있게 만든 **곳**

교과 어휘 익히기 4. 색깔 뜻풀이에 밑줄을 그으며 읽고, 빈칸을 채우세요.

실내
집 **실**   안 **내**

방이나 건물의 안

예) 비가 와서 ☐☐ 에서 체험 학습을 했어요.

교실
가르칠 **교**   집 **실**

강의를 하는 방

예) 우리 반 ☐☐ 은 이 층에 있어요.

보건실
지킬 **보**   건강할 **건**   집 **실**

학생들의 건강을 돌보고 **응급 처치를 하는 곳**

예) 체육 시간에 다쳐서 ☐☐☐ 에 다녀왔어요.

과학실
과목 **과**   배울 **학**   집 **실**

과학 실험을 하는 곳

예) ☐☐☐ 에서 현미경으로 작은 생물을 관찰했어요.

도서실
그림 **도**   글 **서**   집 **실**

도서를 모아 두고 볼 수 있게 만든 곳

예) ☐☐☐ 에서 책을 읽는 시간이 즐거워요.

어휘력과 문해력 키우기 5. 밑줄에 들어갈 어휘를 찾아 선을 연결하세요.

_____에서 화산 폭발 실험을 하며 화산 활동에 대해 배웠다.	교실
각 학년마다 _____ 뒤쪽으로 개인 사물함과 청소함이 있다.	과학실
우리 학교 _____에서 빌린 책을 동생과 함께 읽었다.	보건실
_____에는 응급 약품이 있어서 언제든지 도움을 받을 수 있다.	도서실
동네에 있는 _____ 수영장에서 방학 동안 수영을 배웠다.	실내

 '과학실'에서는 실험을 통해 직접 보고, 만지고, 느끼면서 과학 원리를 이해할 수 있어요.

30일차

월   일

會 모일 회
뜻   소리

눈으로 익히기

1. 會(모일 회)와 같은 한자에 ○표 하세요.

者　會　目　會　目　者
目　　　　　　　　　目
　　者　主　　會　主 
　　　　　　　目
　　　會　　　　　者
主　　　　　主
　　　　者　　　會
　主　　　　目

5개를 찾으세요!

142

쓰면서 익히기
2. 한자를 소리 내어 읽고 따라 쓰세요.

쓰는 순서	ノ 人 人 人 今 슈 슈 슈 슈 슈 會 會 會
會	會　會
모일 회	모일 회　모일 회

어휘 속 한자 찾기
3. 어휘를 따라 쓰고 會에 해당하는 뜻에 ○표 하세요.

會(모일 회) 의(의논할 의) → 회의 → ⓜ여서)의논함

會(모일 회) 장(우두머리 장) → 회장 → **모임**을 대표하는 사람

조(아침 조) 會(모일 회) → 조회 → 아침에 구성원이 한자리에 **모이는** 일

대(큰 대) 會(모일 회) → 대회 → 재주를 겨루는 큰 **모임**

전(펼 전) 시(보일 시) 會(모일 회) → 전시회 → 특정 물건을 벌여 놓고 보이는 **모임**

교과 어휘 익히기   4. 색깔 뜻풀이에 밑줄을 그으며 읽고, 빈칸을 채우세요.

회 의
모일 **회**   의논할 **의**

모여서 의논함

예) 행사 준비를 위해 ☐☐ 를 했어요.

회 장
모일 **회**   우두머리 **장**

모임을 대표하는 사람

예) 오늘은 학교에서 ☐☐ 선거가 있는 날이에요.

조 회
아침 **조**   모일 **회**

아침에 구성원이 한자리에 **모이는 일**

예) ☐☐ 시간에 선생님께서 오늘의 일정을 알려 주셨어요.

대 회
큰 **대**   모일 **회**

재주를 겨루는 큰 모임

예) 수학 경시 ☐☐ 에서 상을 받았어요.

전시회
펼 **전**   보일 **시**   모일 **회**

특정 물건을 벌여 놓고 보이는 모임

예) 내가 만든 작품을 ☐☐☐ 에 출품했어요.

어휘력과 문해력 키우기 5. 밑줄에 들어갈 어휘를 찾아 선을 연결하세요.

- _____는 수업 시작 전에 하고, 종례는 수업이 끝난 후에 한다. · · 회장
- 엄마와 함께 미술 _____에 가서 유명 화가들의 작품을 감상했다. · · 조회
- 산들이는 전국 미술 _____에서 풍경화를 그려 대상을 받았다. · · 전시회
- 학급 _____에서 건의할 내용을 몇 가지 정리해 발표했다. · · 대회
- _____이 되면 더욱 책임감 있게 행동하고 친구들을 도와야 한다. · · 회의

 '회의'에서는 각자 의견을 내고, 서로의 생각을 잘 듣는 것도 중요해요.

어휘 복습하기

1. 빈칸에 한자 어휘를 한글로 쓰세요.

2. 대화의 밑줄 친 곳에 공통으로 들어갈 어휘를 쓰세요.

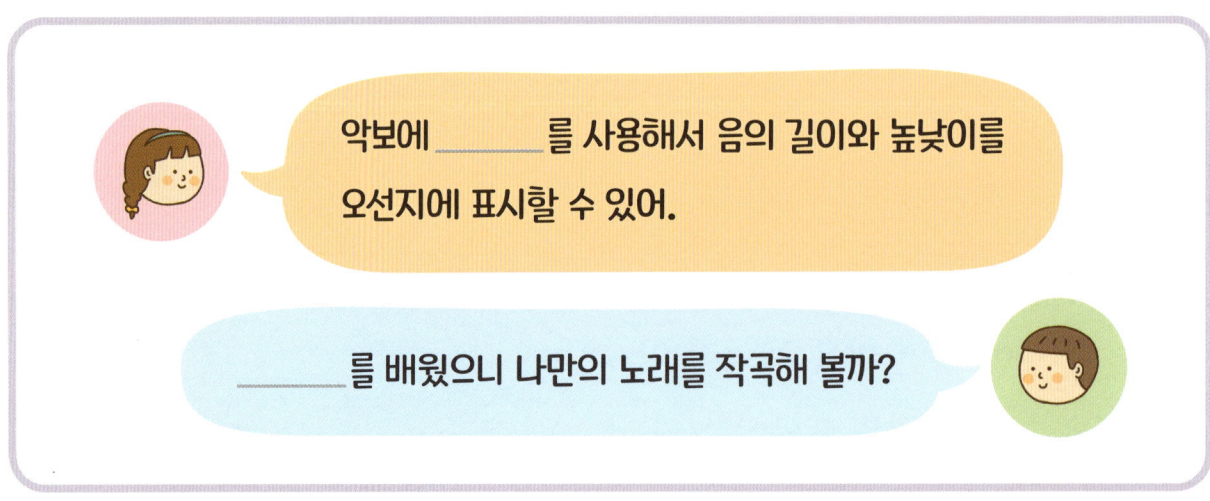

3. 빈칸에 알맞은 어휘를 보기에서 찾아 쓰세요.

> **보기**   체력   회의   수묵화

❶ 오늘 학생회 ☐ 에서 새로운 규칙을 만들었다.

❷ ☐ 는 먹과 붓으로 그리는 전통 그림이다.

❸ 체육 시간에 있었던 ☐ 테스트에서 높은 점수를 받았다.

4. 초성을 보고 실(집 실)이 들어가는 어휘를 쓰세요.

❶ 학교에서 피구를 하다 넘어져서

　ㅂ ㄱ ㅅ 에서 상처를 치료 받았다. ✎ _____

❷ ㄱ ㅎ ㅅ 에는 실험 도구들이

많아서 안전 규칙을 잘 지켜야 한다. ✎ _____

5. 다음 문장에 어울리는 어휘를 골라 ○표 하세요.

❶ 합창을 할 때 (**녹음** / **화음**)이 잘 맞으면 노래가 아름답게 들린다.

❷ 수업 (**시각** / **시간**)에 선생님 말씀을 잘 듣는다.

6. 밑줄에 들어갈 어휘를 글자 카드에서 만들어 쓰세요.

❶ 우리 _____에는 모둠 시간에 그렸던 미술 작품이 전시되어 있다.

교　복　실

❷ _____ 선거에 출마한 친구들은 여러 아이디어를 공약으로 발표했다.

장　회　공

7. 가로 열쇠와 세로 열쇠의 뜻풀이를 읽고 퍼즐을 완성하세요.

가로 열쇠
1 시간을 나누어서 할 일을 기록한 표.
3 움직이지 못하는 물건을 놓고 그린 그림.
6 재주를 겨루는 큰 모임.
7 방이나 건물의 안.

세로 열쇠
1 시간의 어느 한 시점.
2 벽에 그린 그림.
4 특정 물건을 벌여 놓고 보이는 모임.
5 도서를 모아 두고 볼 수 있게 만든 곳.

정답

1일차

3번 정답 굵은 글자에만 ○표를 해요.

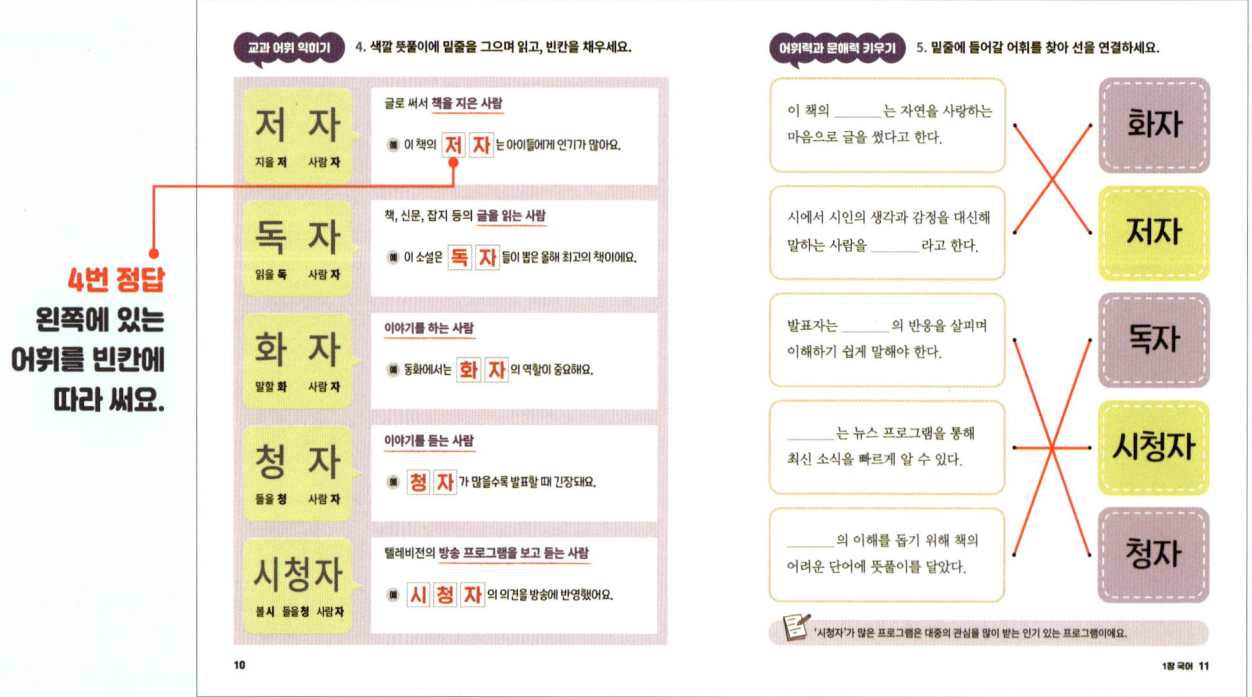

4번 정답 왼쪽에 있는 어휘를 빈칸에 따라 써요.

* 2일차부터는 1번과 5번 문제 정답만 실었습니다.

2일차

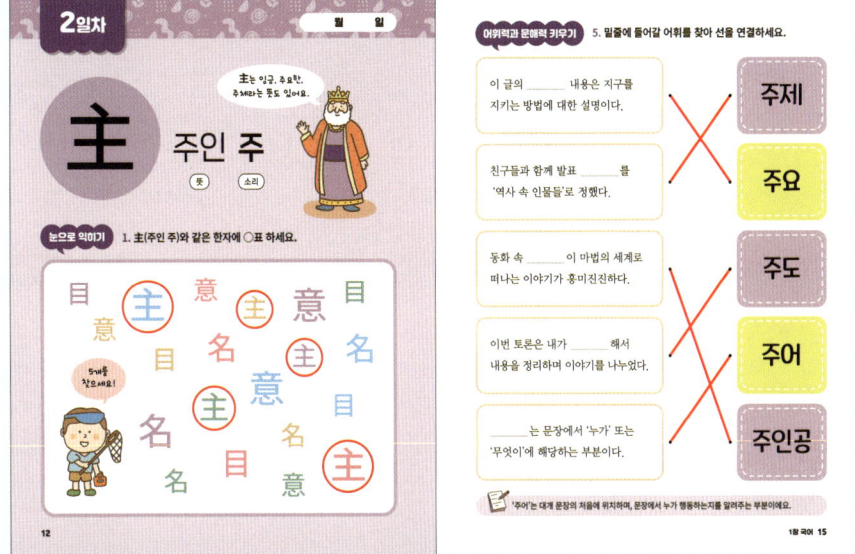

3일차

4일차

정답 151

152

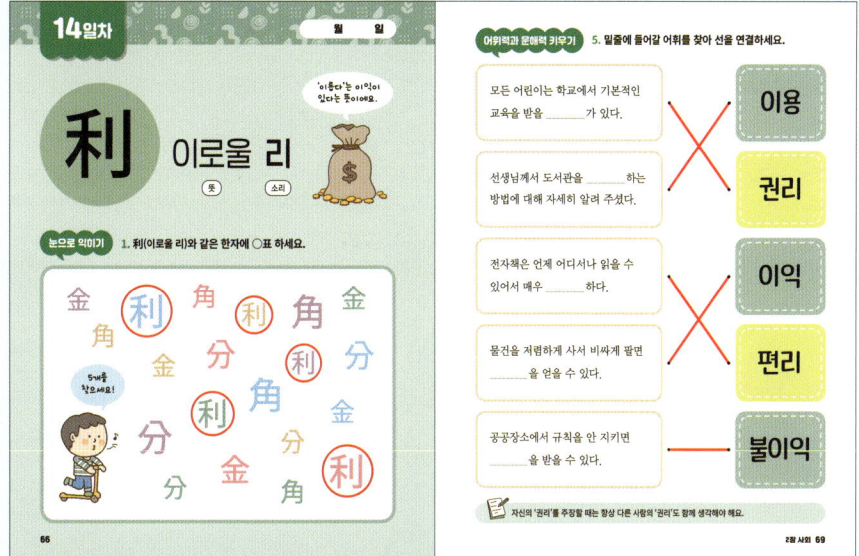

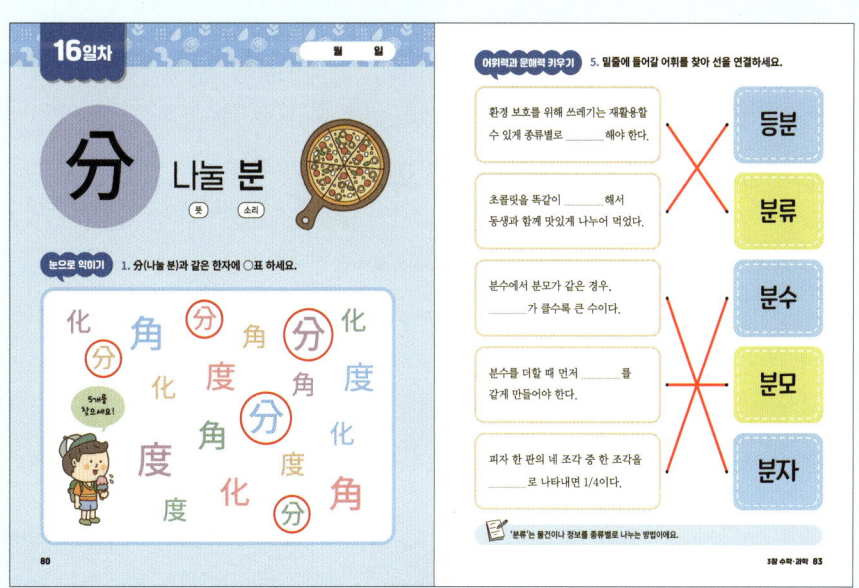

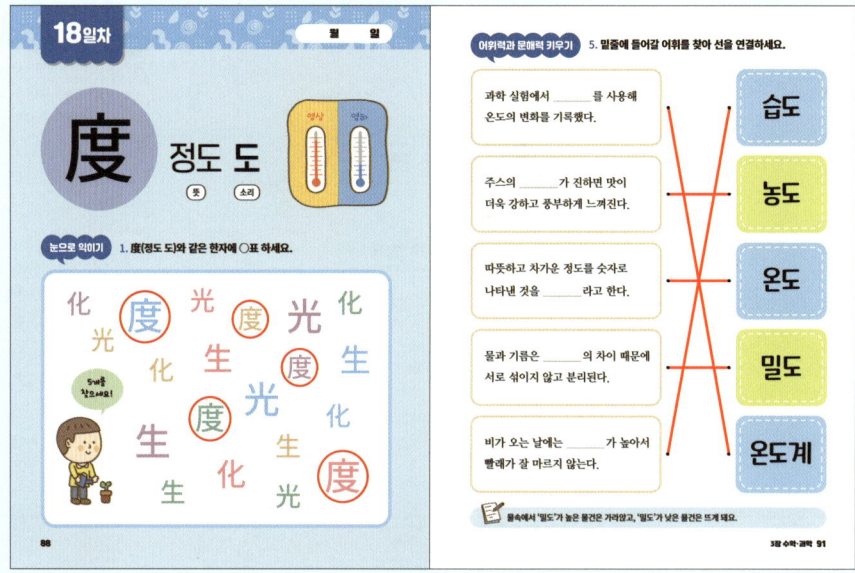

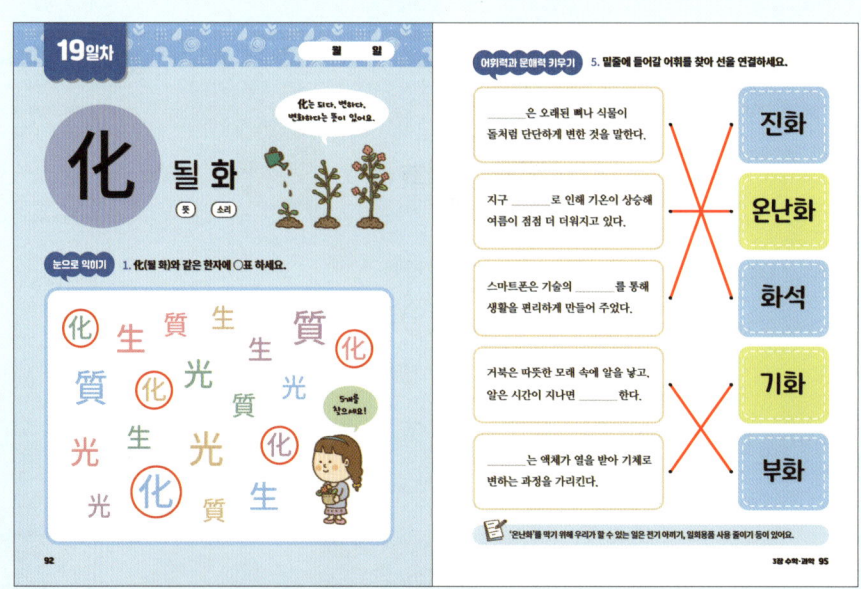

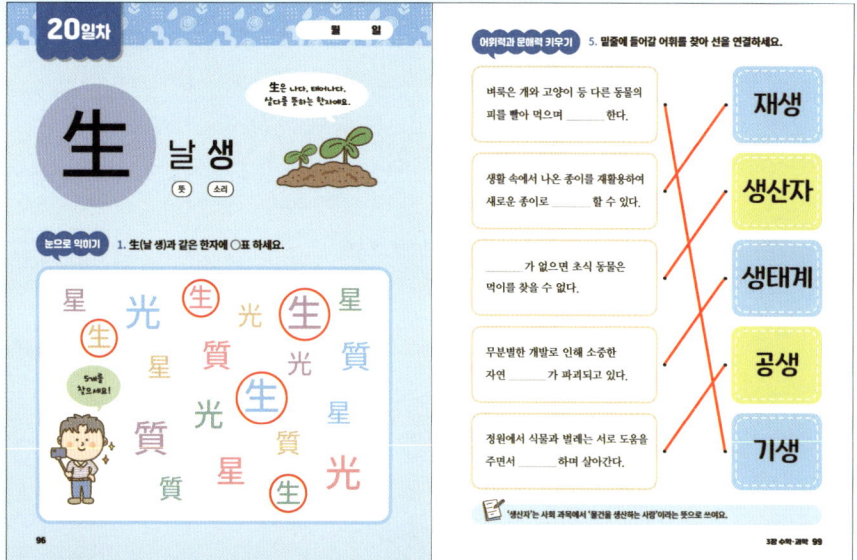

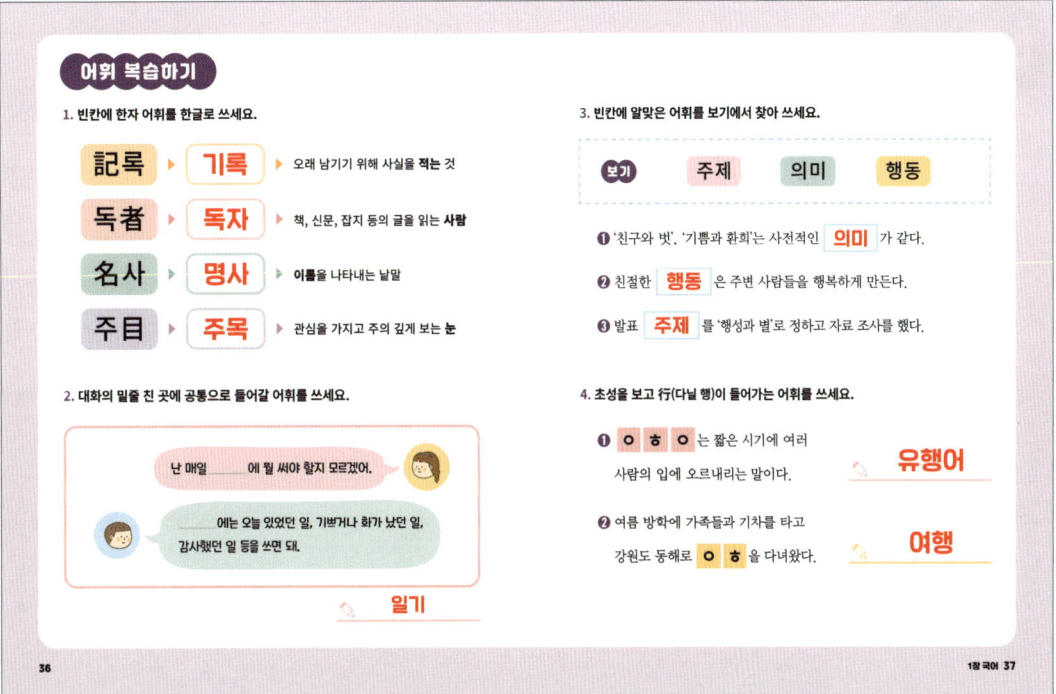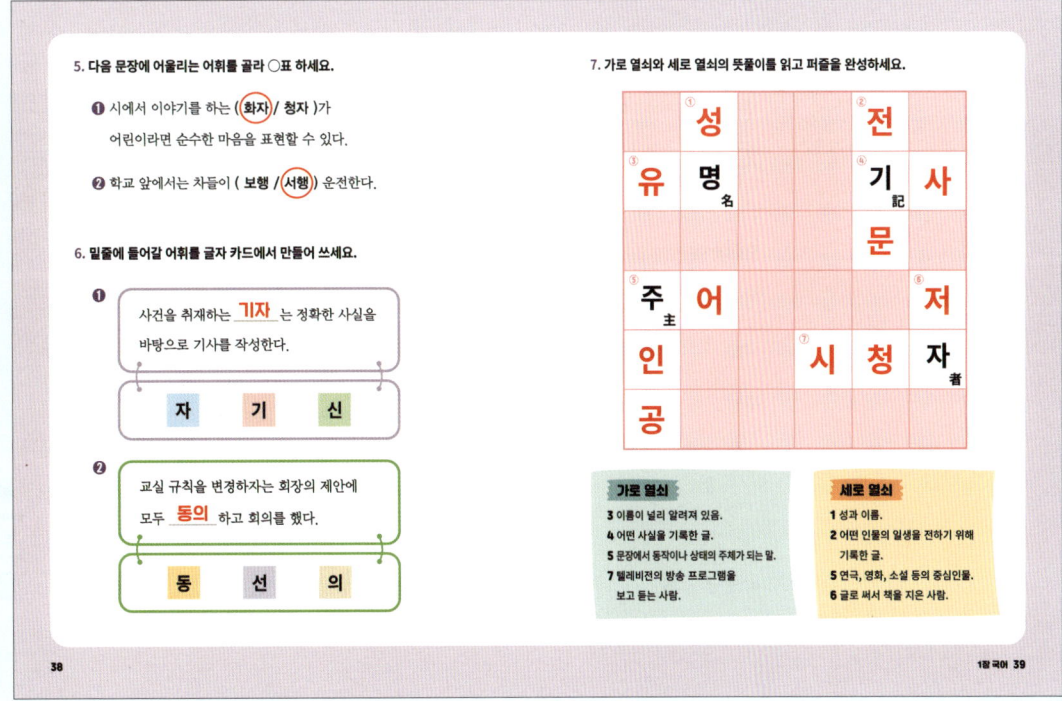

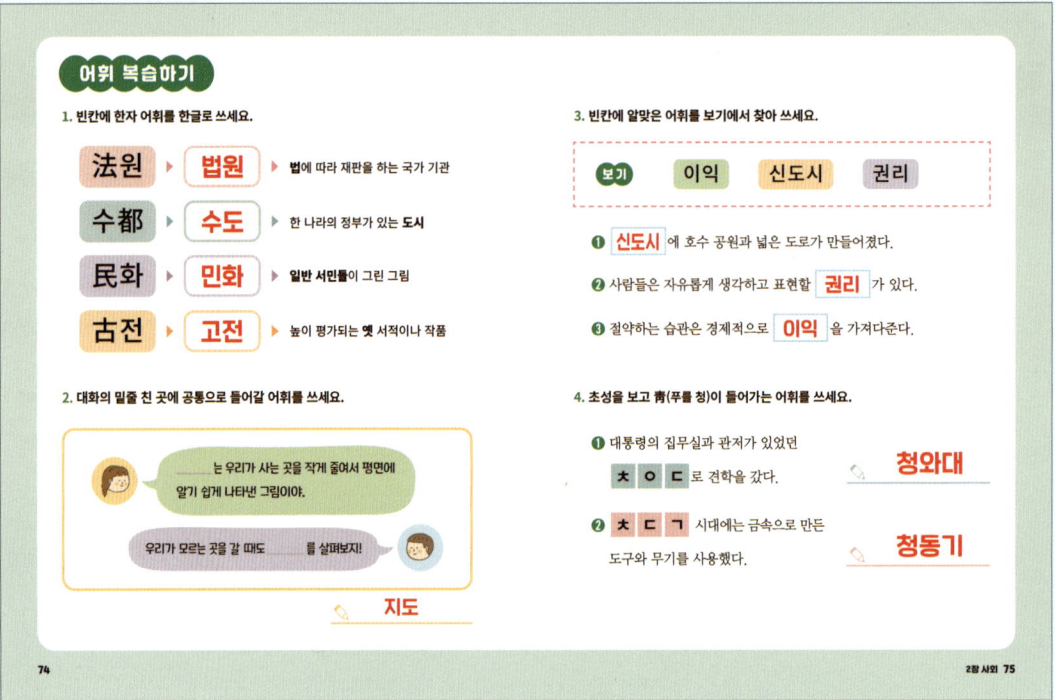

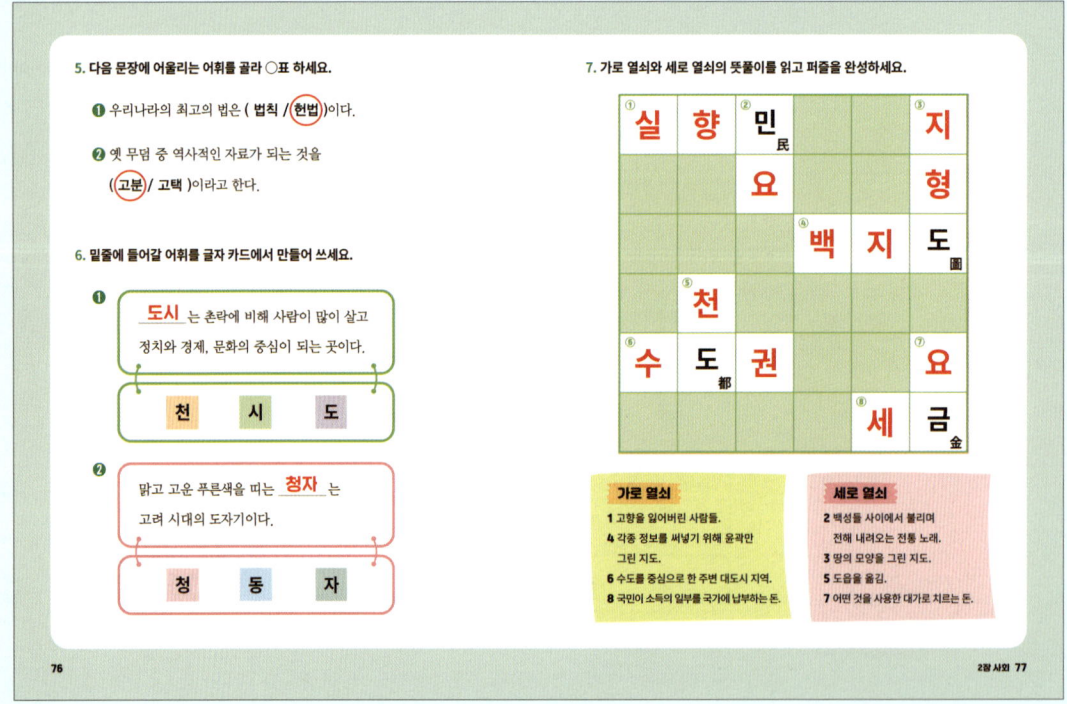

3장 복습

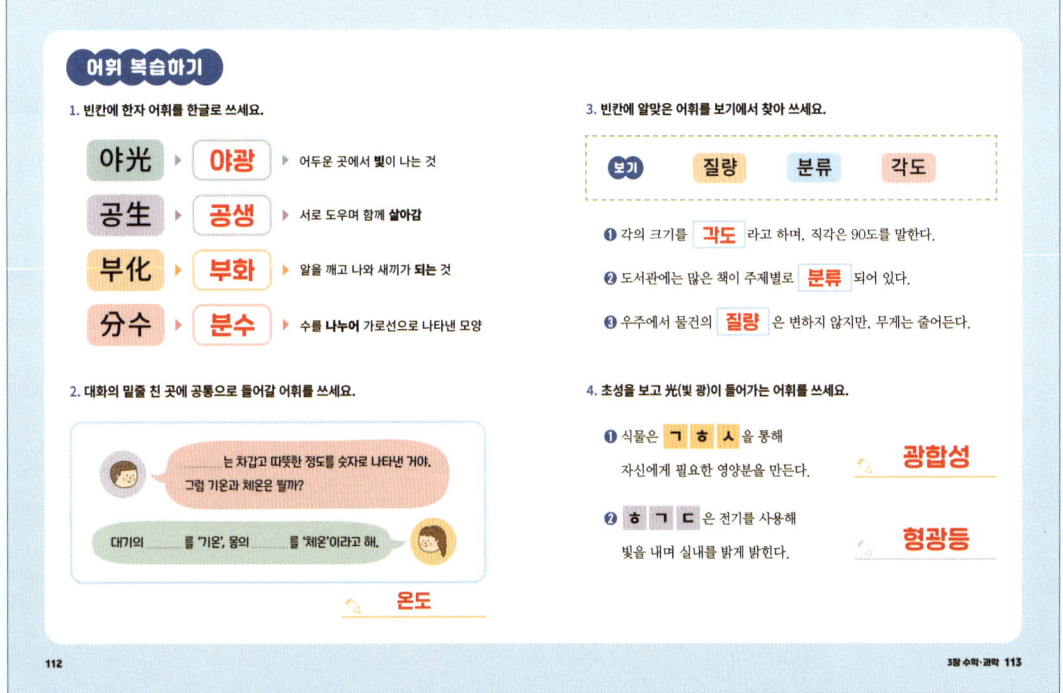

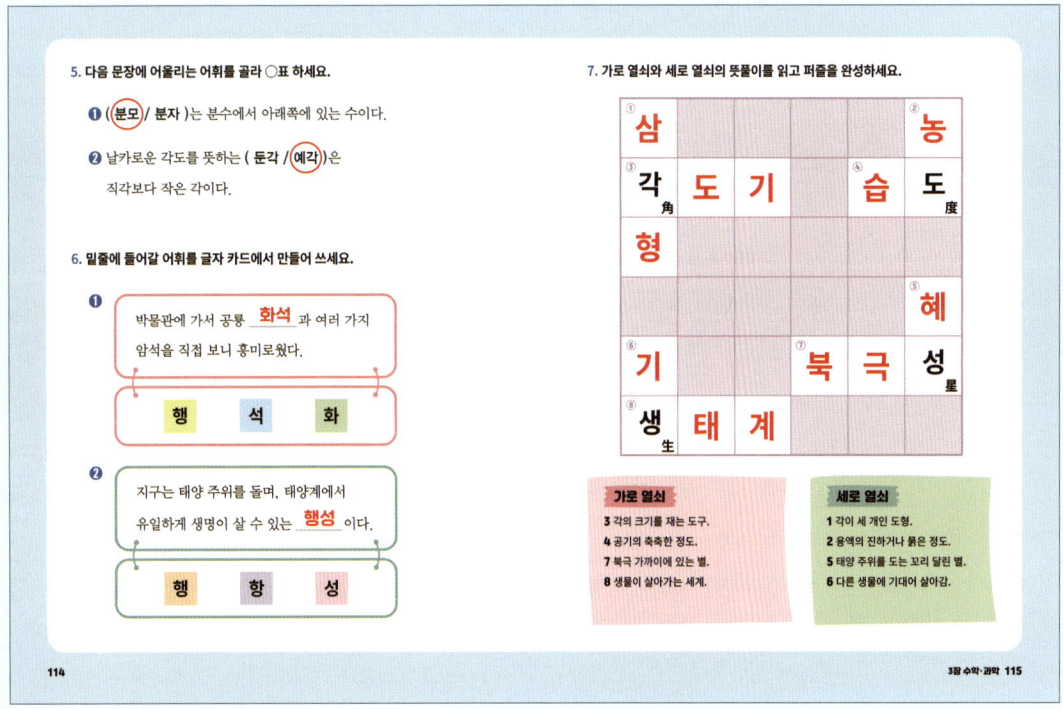

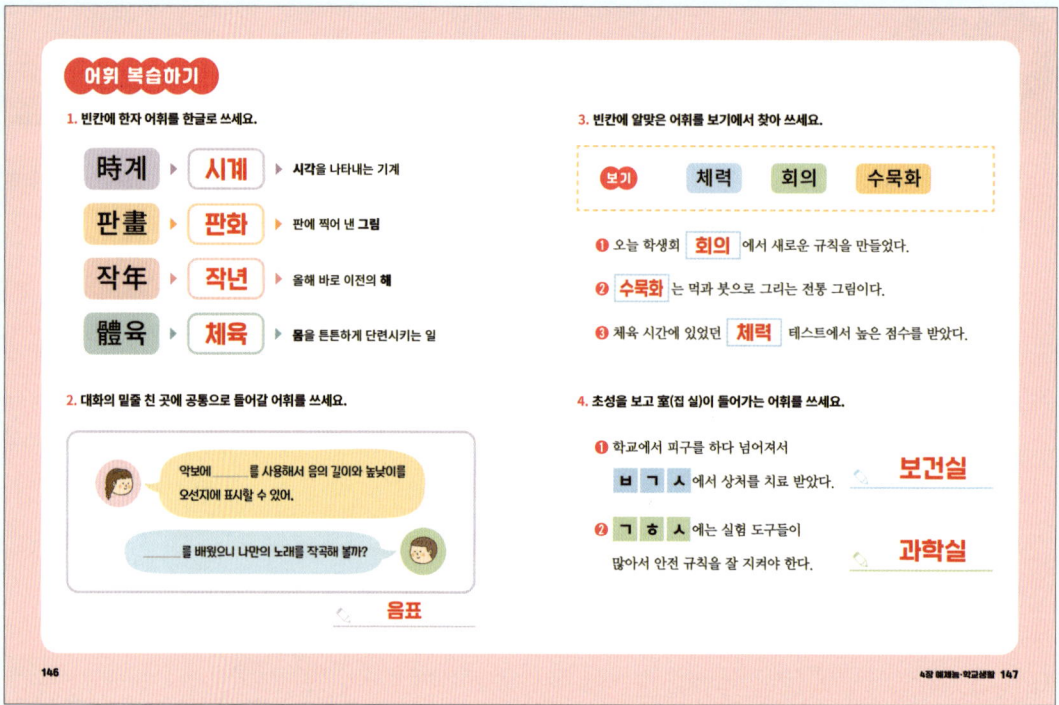
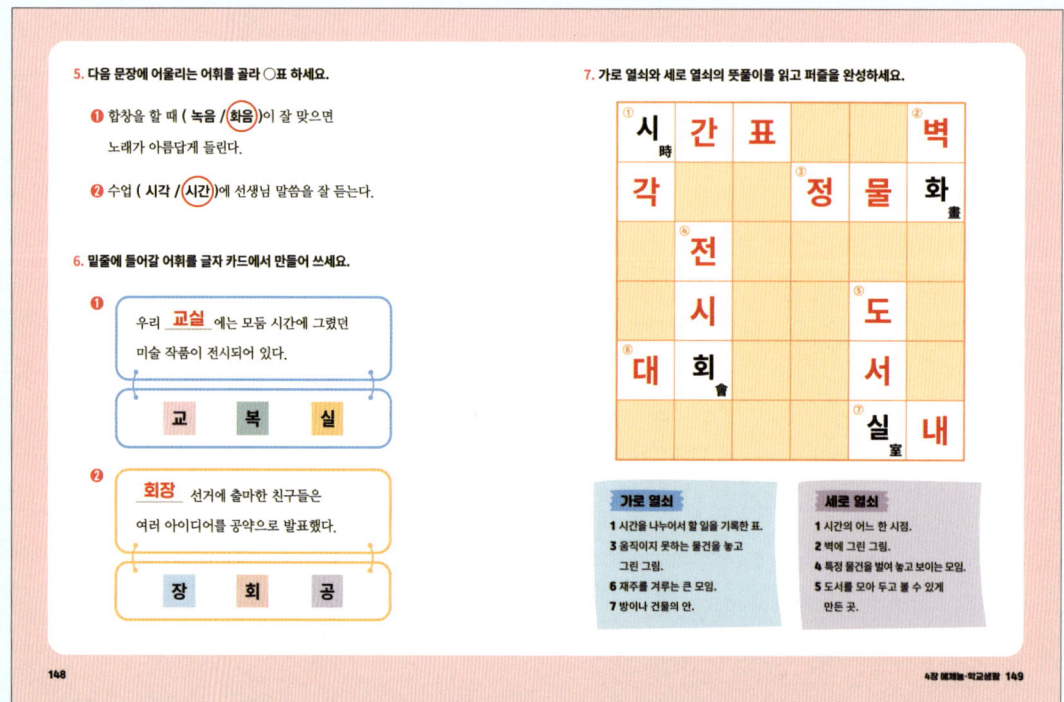

찾아보기

ㄱ
각도 角度 85
각도기 角度器 85
고대 古代 59
고분 古墳 59
고의 故意 25
고전 古典 59
고조선 古朝鮮 59
고택 古宅 59
고학년 高學年 131
공생 共生 97
과학실 科學室 139
광원 光源 101
광합성 光合成 101
교실 敎室 139
권리 權利 67
금액 金額 71
금융 金融 71
기록 記錄 29
기사 記事 29
기생 寄生 97
기자 記者 29
기화 氣化 93

ㄴ, ㄷ
내년 來年 131
녹음 錄音 123
농도 濃度 89
대회 大會 143
도서실 圖書室 139
도시 都市 51
도표 圖表 47
독자 讀者 9
동의 同意 25
둔각 鈍角 85
등분 等分 81

ㅁ, ㅂ
면목 面目 17
명사 名詞 21
명품 名品 21
명필 名筆 21
목격 目擊 17
물질 物質 105
민담 民譚 55
민요 民謠 55
민화 民畫 55
밀도 密度 89
발광 發光 101
백지도 白地圖 47
법률 法律 43
법원 法院 43
법칙 法則 43
벽화 壁畫 119
보건실 保健室 139
보행 步行 33

부화 孵化 93
북극성 北極星 109
분류 分類 81
분모 分母 81
분수 分數 81
분자 分子 81
불법 不法 43
불이익 不利益 67

ㅅ
삼각형 三角形 85
생산자 生産者 97
생태계 生態系 97
서민 庶民 55
서행 徐行 33
선의 善意 25
성명 姓名 21
성질 性質 105
세금 稅金 71
수도 首都 51
수도권 首都圈 51
수묵화 水墨畫 119
습도 濕度 89
시각 時刻 135
시간 時間 135
시간표 時間表 135
시계 時計 135
시청자 視聽者 9

신도시 新都市 51
신체 身體 127
실내 室內 139
실향민 失鄕民 55

ㅇ
안내도 案內圖 47
안목 眼目 17
야광 夜光 101
여행 旅行 33
예각 銳角 85
예금 預金 71
온난화 溫暖化 93
온도 溫度 89
온도계 溫度計 89
요금 料金 71
유명 有名 21
유성 流星 109
유행어 流行語 33
음성 音聲 123
음악 音樂 123
음표 音標 123
의미 意味 25
의외 意外 25
이목 耳目 17
이용 利用 67
이익 利益 67
일기 日記 29

ㅈ

작년 昨年 131
잠시 暫時 135
재생 再生 97
저자 著者 9
저학년 低學年 131
전기문 傳記文 29
전시회 展示會 143
정물화 靜物畫 119
조회 朝會 143
주도 主導 13
주목 注目 17
주어 主語 13
주요 主要 13
주인공 主人公 13
주제 主題 13
지도 地圖 47
지형도 地形圖 47
진화 進化 93
질감 質感 105
질량 質量 105

ㅊ, ㅍ

천도 遷都 51
청동 靑銅 63
청동기 靑銅器 63
청신호 靑信號 63
청와대 靑瓦臺 63
청자 靑瓷 63
청자 聽者 9
체력 體力 127
체육 體育 127
체조 體操 127
체험 體驗 127
판화 版畫 119
편리 便利 67
품질 品質 105
풍경화 風景畫 119

ㅎ

학년 學年 131
항성 恒星 109
행동 行動 33
행성 行星 109
헌법 憲法 43
형광등 螢光燈 101
혜성 彗星 109
화석 化石 93
화음 和音 123
화자 話者 9
회의 會議 143
회장 會長 143

찾아보기 **167**

글 이미선

대학 졸업 후 잡지사와 출판사에서 일하며 서울을 누볐으며,
지금은 제주에서 아이들과 함께 섬 곳곳을 누비며 기획편집자로 일하고 있습니다.
그동안 쓴 책으로는 《국어가 쉬워지는 초등 어휘력 사전》, 《국어가 쉬워지는 초등 맞춤법 사전》,
《하루 10분 맞춤법 따라쓰기》, 《하루 10분 초등 한자 따라쓰기》, 《하루 10분 속담 따라쓰기》,
《하루 10분 초등교과 가로세로 낱말퍼즐》, 《교육용 기초 한자 1800자 쓰기노트》 등이 있습니다.

그림 은소시

대학교에서 디자인을 전공했으며, 편집 디자이너와 일러스트레이터로 활동하고 있습니다.
어린 시절의 꿈을 이루어 일러스트레이터로서의 활동을 이어가고 있는 지금,
꿈같은 시간을 보내고 있습니다. 예쁘고 멋진 그림보다는 사람들에게 기억에 남고
공감을 불러일으킬 수 있는 그림을 그리기 위해 다양한 분야에서 꾸준히 노력하고 있습니다.

하루 10분 초등 문해력 한자 어휘편 2단계

초판 1쇄 인쇄 2024년 10월 5일
초판 1쇄 발행 2024년 10월 10일

글 이미선
그림 은소시
펴낸이 박수길
펴낸곳 (주)도서출판 미래지식
디자인 design ko

주소 경기도 고양시 덕양구 통일로 140 삼송테크노밸리 A동 3층 333호
전화 02)389-0152
팩스 02)389-0156
홈페이지 www.miraejisig.co.kr
전자우편 miraejisig@naver.com
등록번호 제 2018-000205호

* 이 책의 판권은 미래지식에 있습니다.
* 값은 표지 뒷면에 표기되어 있습니다.
* 잘못된 책은 구입하신 서점에서 바꾸어 드립니다.
* Noun Project의 아이콘을 활용했습니다.

ISBN 979-11-93852-17-0 64700
ISBN 979-11-93852-15-6 (세트)